EL IMPERIO JESUÍTICO

EL IMPERIO JESUÍTICO

ENSAYO HISTÓRICO

POR

LEOPOLDO LUGONES

Esta edición es una edición modernizada de la
SEGUNDA EDICIÓN
CORREGIDA Y AUMENTADA
BUENOS AIRES
ARNOLDO MOEN Y HERMANO, EDITORES
Florida 323
1907

Título: El imperio jesuítico
Autor: Leopoldo Lugones
Editorial: Plaza Editorial, Inc.
email: plazaeditorial@email.com
© Plaza Editorial, Inc.

ISBN-13: 978-1523435586
ISBN-10: 1523435585

www.plazaeditorial.com
Made in USA, 2016

ÍNDICE

PREFACIO DE LA SEGUNDA EDICIÓN

L a buena acogida que tuvo el presente libro en su primera edición, completamente agotada, ha dado ánimo a mis editores, los señores Arnoldo Moen y Hermano, para lanzar esta segunda, cuyo éxito esperan con mayor confianza que yo, y con mejor cálculo sin duda.

He querido corresponder a su intento, corrigiendo escrupulosamente mis páginas, enriqueciéndolas con nuevos datos y escribiendo otro capítulo, donde trato de la política que los padres desarrollaron en el Paraguay.

Reconozco que esta omisión desfavorecía mi primer trabajo; pero como es tan raro en las letras salir perjudicado por exceso de concisión, resulta que en el lapso de las dos ediciones, ha visto la luz un documento tan importante como la «Histeria de las Revoluciones de la provincia del Paraguay», por el P. Lozano[1], proporcionándome una nueva y preciosa fuente, en la cual mucho bebí desde luego. También ello me ha servido para definir mi opinión sobre Antequera y sobre el carácter de la revolución que encabezó; de suerte, que no ha habido sino ventajas en aquel silencio, determinado, después de todo, por una recóndita vacilación de mi criterio.

Se dirá que no es de historiador esta confesión; pero no me tengo por tal, profesionalmente hablando, y desde Sócrates se ha hecho fácil ya, la confesión de la propia ignorancia...

No quise escribir sino lo que sabia, bien, quedándome siempre en la conciencia, como carga asaz pesada, el remordimiento de no haberlo sabido mejor.

Es, por otra parte, lo que ofrezco a mis lectores con mayor confianza, por la fe que tengo en virtud tan principal como la sinceridad. La dulzura del fruto, es condición de su madurez; y lo tardío en esta, lejos de perjudicar, encarece más bien el mérito de lo sabroso.

Abril de 1907.

---

1   Edición de la Junta de Historia y Numismática Americana, benemérita de los estudiosos entre los cuales humilde y agradecido me cuento.

PRÓLOGO

El Gobierno, en decreto de junio del año pasado, encargome la redacción de este libro, que por voluntad suya, y por mi propia indicación, iba a ser una Memoria.

Los datos recogidos sobre el terreno, así como la bibliografía consultada, fueron ampliando él proyecto primitivo, hasta formar la obra que entrego a la consideración del lector. Habría podido, ciñéndome estrictamente al plan oficial, ahorrar mi esfuerzo, compensándolo con abundantes fotografías y datos estadísticos; pero he creído interpretar los deseos del Excelentísimo señor Ministro del Interior[2], a quien debo esta distinción, agotando el tema.

Así, la «Memoria» primitiva se ha convertido en un ensayo histórico, al cual concurren la descripción geográfica y arqueológica, sin excluir —y esto corre de mi cuenta— la apreciación crítica del fenómeno estudiado.

En cuanto a las ilustraciones, he optado por concretarme a lo pertinente, aunque resulte de apariencia menos lucida que esa vaga profusión, cuyo abuso constituye una enfermedad pública; pero este no es un libro de viajes ni una disertación amena.

Los dibujos y planos que presento —entre los cuales solo hay dos fotografías—, tienden realmente a «ilustrar» el texto, sin esperar que el lector se divierta; por lo demás, los datos incluidos en él sobran hasta para guiar a los «turistas», si su intrépida ubicuidad llega a derramarse por aquellos escombros...

He titulado este trabajo El Imperio Jesuítico, porque, como verá el lector, dicha clasificación cuadra mejor que ninguna a la organización estudiada. Los jesuitas habíanla clasificado con el nombre de República Cristiana, correcto también; pero la palabra «república» apareja ahora un concepto democrático, enteramente distinto del que corresponde a aquella sociedad.

Su carácter imperial fue ya notado, aplicándose también a un título, entre otros por el jesuita Bernardo Ibáñez, quién escribió en 177U, bajo el nombre de «Reino Jesuítico del Paraguay», una obra contra la orden de la cual había sido expulsado.

---

2   Dr. D. Joaquín V. González.

No necesito advertir al lector, que fuera de esta, no hay otra coincidencia entre mi libro y la diatriba del sacerdote rebelde; pues no tengo para los jesuitas, y por de contado para los que ya no existen en el Paraguay, cariño ni animadversión. Los odios históricos, como la ojeriza contra Dios, son una insensatez que combate contra el infinito o contra la nada.

Creo inútil hablar de mi viaje por el territorio de las Misiones, bastándome decir que no se limitó a la parte argentina, pues temo que el lector vea en mí uno de esos viajeros que hacen del héroe fácil, por la misma razón a la cual debe su prestigio «el mentir de las estrellas».

Aprovecharé, sí, esta coyuntura, para agradecer en mi nombre y en el de mis compañeros de exploración, sus finezas a las personas que durante ella nos auxiliaron.

Ocupa el primer lugar el señor Juan J. Lanusse, gobernador de Misiones y distinguido caballero que me ayudó con toda decisión. El doctor Garmendia, Juez Letrado del Territorio, es también acreedor a mi gratitud; y olla se extiende al señor Rafael Garmendia, administrador de la Aduana; al ingeniero señor F. Fouilland; al Jefe de Policía, señor Olmedo; a los comisarios de San José, Apóstoles y Concepción, señores Silva, Rodríguez y Verón; al señor Gallardo, Juez de Paz de San Carlos; al señor Gastelli, administrador de la colonia Apóstoles; al señor Augusto Gorordo, vecino de Concepción; a los señores Noriega y García, comerciantes de Saracura; al señor Caldeira, de Santa María; ai señor Baumeister, cónsul argentino en Villa Encarnación (Paraguay); al señor Zarza, Jefe político de Trinidad en el mismo país; a la señorita Báez, maestra de escuela en el mismo punto; al señor Chamorro, vecino de Jesús (Paraguay); al señor Mariano Macaya, comerciante de Santo Tomás, y a los esposos Frédéric Villemagne, cuidadores de las ruinas de San Ignacio, hospitalarios vecinos cuya generosidad es inolvidable.

En cuanto al territorio de Misiones, constituye, como es sabido, una belleza nacional que no necesita mi recomendación.

Junio de 1903 - mayo de 1904.

I - EL PAÍS CONQUISTADOR.

Antes de describir la situación y condiciones de la conquista espiritual realizada por los jesuitas sobre las tribus guaraníes, conviene sintetizar en una ojeada el estado del país donde aquellos tuvieron origen y bajo cuya bandera ejecutaron su empresa, con el fin de no hallarnos de repente en su presencia, sin los antecedentes necesarios a toda investigación.

Ello es tanto más necesario, cuanto que hasta ahora el asunto se ha debatido entre los elogios de los adictos y las diatribas de los adversos —unos y otras sin mesura— pues para esos y estos la verdad era una consecuencia de sus entusiasmos, no el objetivo principal.

Tan escolásticos los clericales como los jacobinos, ambos adoptaron una posición absoluta y una inflexible lógica para resolver el problema, empequeñeciendo su propio criterio al encastillarse en tan rígidos principios: pero es justo convenir en que el jacobinismo sufrió la más cabal derrota, infligida por sus propias armas, vale decir el humanitarismo y la libertad.

Producto de la misma tendencia a la cual combatía por metafísica y fanática, el instrumento escolástico falló en su poder, tanto como triunfaba en el del adversario para quien era habitual, puesto que durante siglos había constituido su órgano de relación por excelencia, cuando no su más perfecta arma defensiva.

Uno y otro descuidaron, sin embargo, el antecedente principal —la filiación de la orden discutida y de la empresa que realizó—. Dando por establecido que los jesuitas son absolutamente buenos o absolutamente malos, el estudio de su obra no era ya una investigación, sino un alegato; resultando así que para unos, las Misiones representan un dechado de perfección social y de sabiduría política, mientras equivalen para los otros al más negro despotismo y a la más dura explotación del esfuerzo humano.

No pretendo colocarme en el alabado justo medio, que los metafísico de la historia consideran garante de imparcialidad, suponiendo a las dos exageraciones igual dosis de certeza, pues esto constituiría una nueva forma de escolástica, siendo también posición absoluta; algo más de verdad ha de haber en una u otra, sin que pertenezca totalmente a ninguna, pero es mi intención que el lector y no yo saque las consecuencias del fenómeno descrito, y por bien servido me daré si hay coincidencia.

Tampoco creo que reporte perjuicio a nadie el examen preliminar antes indicado, y aun cuando así fuera, estoy completamente seguro que no ha de causarlo a la verdad. El estudio de la conquista requiere ese capítulo previo, que todas nuestras historias han descuidado, y que da en síntesis, así como la semilla al árbol futuro, el sucesivo problema de la Independencia. Lo más importante que hay en historia, es el origen de los acontecimientos, si se quiere explicarlos por medios humanos y clasificarlos en un orden cualquiera, dependiendo de este concepto científico la rectitud de relaciones entre el autor y el lector. Así la lógica viene a ser un organismo fecundo, no una mera construcción dialéctica.

El conocimiento del estado en que se encontraba España al emprender y realizar la conquista, resulta, pues, indispensable para apreciar este fenómeno con claridad, puesto que fue naturalmente una consecuencia de aquél.

Al descubrirse el Nuevo Mundo, España vacilaba entre el feudalismo declinante y la nacionalidad naciente, como el resto de los países europeos, agravada, sin embargo, esta situación de crisis, por un fenómeno especial de la mayor importancia. Quiero referirme a la impregnación morisca, que habían efectuado en su pueblo los ocho siglos de dominación sarracena.

Es innecesario demostrar que ningún pueblo sufre en veinte generaciones la conquista, sin resultar poco menos que mestizo del conquistador. Por resistido que este sea, por mucho que se le aborrezca, a la larga establece relaciones inevitables con el vencido. Ellas son tanto más rápidas, cuanto es en mayor grado superior la civilización de aquel, pues une entonces al hecho consumado por la fuerza, la seducción que ejercen las artes de la paz. Tal sucedió, precisamente, con la conquista mahometana.

Sabido es que desde la confección y ejercicio de las armas, elementos tan capitales entonces, hasta los principios de las ciencias naturales, y las matemáticas introducidas por ellos en Europa, los árabes sobrepujaron decididamente al pueblo avasallado, estableciendo sobre él su dominio con tan decisiva ventaja El feudalismo facilitó la impregnación, al celebrar los señores frecuentes alianzas con el enemigo común, para desfogar rencores o dirimir querellas de vecindad; y así como las cotas de nudos, que trenzaban con lonjas brutas los guerreros godos, cayeron ante las hojas de Damasco, la rudeza nativa cedió al contacto de la cultura superior.

Rasgos étnicos que todavía duran, con mayor abundancia donde fue más intensa la conquista y donde el ambiente es más propicio a su conservación, sin dejar de revivir por esto en las otras regiones con intermitencias suficientemente reveladoras; el idioma, es decir lo último que ceden los pueblos conquistados, como lo demuestran polacos y albaneses, invadido de tal modo, que ni la reacción implícita en la adopción del dialecto aragonés y castellano como lengua nacional, ni la transformación latina de los humanistas, pudieron abolir desinencias, prefijos característicos, y hasta elementos tan genuinamente nacionales como las expresiones interjectivas, pues nuestro deprecatorio Ojalá es textualmente el «*In* xa Alá» (¡si Dios quiere!) de los sarracenos. La misma nobleza terciada de sangre judía, según lo propalaba un libelo contemporáneo, el Tizón de la nobleza ele Castilla, atribuido al arzobispo Fonseca, que aun exagerando, por algo lo diría, así le hubiera inducido, como se pretende, un resentimiento nobiliario: todos estos son elementos bastantes para demostrar la impregnación.

La independencia fue un desprendimiento lógico del tronco semita, el eterno fenómeno de la mayoría de edad que se produce en todos los pueblos, mucho más que un conflicto de razas.

Comprendo que sea más dramático y más susceptible de inflamar al patriotismo, aquel puñado de montañeses asturianos que empezó la heroica reconquista; mas los aragoneses tienen cómo oponer, y por iguales motivos, la cueva de San Juan de la Peña a la de Covadonga y Garci Ximénez a don Pelayo...

Algo de eso hubo sin duda, pero las guerras de independencia nunca son un arranque de aventureros; y en aquel choque, colaboró decisivamente el mismo elemento semita, el árabe español, que daba contra su raza por amor a su tierra natal. Tres siglos bastaron para producir el mismo fenómeno con los españoles en América: ¡cuánto más no alcanzarían ocho en la Península, y mezclándose el factor religioso para precipitar la separación!

El movimiento patriótico es, pues, bien explicable, sin necesidad de recurrir a la guerra de razas, para dilucidar cómo España consiguió su independencia del árabe, siendo substancialmente arábiga; pero sin profundizar mayormente la tesis, puede sostenerse con verdad que los dos pueblos en su largo contacto (la guerra lo es también, hasta en términos específicos) se impregnaron mutuamente, engendrando un tipo que, sin ser del todo semita, no era tampoco el ario puro de los demás países de Europa.

Como es natural, los rasgos comunes de los antecesores se robustecieron al sumarse, caracterizando fuertemente al nuevo tipo. El proselitismo religioso militar, que había suscitado en el Occidente las Cruzadas y en el Oriente la inmensa expansión islámica; el espíritu imprevisor y la altanera ociosidad característicos del aventurero; la inclinación bélica que sintetizaba todas las virtudes en el pundonor caballeresco, formaban ese legado. Rasgos semitas más peculiares, fueron el fatalismo, la tendencia fantaseadora que suscitó las novelas caballerescas, parientas tan cercanas de las Mil y Una Noches[3]; y el patriotismo, que es más bien un puro odio al extranjero, tan característico de España entonces como ahora.

Creo oportuno recordar a propósito, que el semitismo español no era puramente arábigo. Los judíos tenían en él buena parte, y sus tendencias se manifiestan dominadoras en algunas peculiaridades, como esa del patriotismo feroz

Ellos y los árabes, resistieron cuanto les fue posible al destierro, prueba evidente de que se hallaban harto bien en la Península. Vencidos, perseguidos, humillados, sin esperanza de riqueza material siquiera, solo la atracción de la raza puede explicar su constancia. Consideraban su patria a España, lo soportaban todo por vivir en ella —no digamos años sino siglos después de la derrota—, sin la más lejana idea de reconquista ya, dejando rastros de esta invencible afección en toda la literatura contemporánea.

Los moros nunca abandonaron sus costumbres del todo, no digamos ya en las Alpujarras donde disfrutaban de una autonomía casi completa, sino en el resto de la Península y bajo su forzada corteza de cristianos; igual sucedía con los hebreos, continuando esto, profundamente, la impregnación que la guerra había abolido en la superficie.

Además España, militarizada en absoluto por aquella secular guerra de independencia, se encontró detenida en su progreso social; y este estado semibárbaro, que luego trataré detalladamente, unido al predominio del es-

---

3   El parecido es de fondo, sin duda; en la forma, se siente la influencia de la caballería francesa y de la geografía británica, probablemente sugerida por las hazañas del Príncipe Negro en Nájera, Aquel paladín Inglés fue un tipo de leyenda, aun en España.

píritu arábigo medieval antes mencionado, le dio una capacidad extraordinaria para cualquier empresa, en la que el ímpetu ciego, que es decir esencialmente militar, fuera condición de la victoria.

Carlos V sueña entonces la monarquía universal, que no era sino una transposición en el terreno político, del sueño de la Iglesia universal, o si se quiere, su realización consecutiva; pero la Iglesia sostenía también un ideal semita, puesto que el Cristianismo, originariamente hebreo, era una prolongación de la ley mosaica, y pretendía realizar por cuenta propia las promesas de dominación universal, contenidas en ella para los hijos de Israel.

No faltaron al absurdo proyecto las coincidencias, que en ciertos momentos históricos parecen acumularse con milagrosa oportunidad en torno de un hecho cualquiera, bien que ello no demuestre sino una convergencia de causas más o monos ocultas, al efecto que las caracteriza. Así el desequilibrio morboso, necesario para concebir como realizable ose sueño enfermizo también, tuvo en Carlos V y Felipe II dos augustos representantes.

La hipocondría hereditaria[4], que produjo en uno el místico desvarío de la abdicación, y en el otro la torva displicencia que sombreó todas sus horas, engendró en ambos la misma ambición desatinada, quizá como una válvula de los tormentos atávicos: y así, fracasado el plan del Emperador entre las ruinas de un mundo que se desmoronaba, nació en Felipe II la idea del Imperio Cristiano. Era una reducción del mismo sueño, después de todo grandioso, pues contaba para efectuarse con el dominio de medio mundo. España y sus posesiones constituían la base de aquel designio, que si fracasó en su parte internacional, tuvo sobre el pueblo la influencia más desastrosa.

Aquellos absolutistas, como nuestros demócratas de ahora, pretendían conformar los acontecimientos humanos a principios metafísicos, tomando por norma el ideal católico, del propio modo que estos pregonan su república universal sobre el concepto de una fraternidad abstrusa. Ambos caminos que conducen fatalmente al despotismo, como lo demostró tan claro el final imperialista de la Revolución, trastornan en la mente de los pueblos toda noción de progreso recto, y extravían a poco toda idea de libertad, sustitu-

---

4   A pesar de los argumentos con que Forneron y Groussac la niegan, sigo ateniéndome al concepto clásico; pues aquellos me parecen mis ingeniosos que positivos. La llamada ley de la herencia, tiene, sin duda, sus fallos; pero no es menos evidente la existencia común de ciertos caracteres en las lamillas.

yéndola por la rigidez de un principio unitario, cuando su desiderátum racional es una constante variedad dentro del orden,

Los pueblos, que cuanto más ignorantes son, sienten más hondo el influjo de las capas superiores, pues se encuentran más desprovistos de medios de defensa y de apreciación, no tardan en conformar su vida al principio dominante que se les sugiere como ideal; proviniendo de aquí la importancia que tienen en su vida, las ideas fundamentales cuyo respeto se les ha imbuido. A los conceptos falsos en la mente, corresponde casi siempre la falsedad de conducta, pues ideas y sentimientos son como vasos comunicantes en los que no puede alterarse parcialmente el nivel.

El Imperio Universal, y su sucedáneo el Imperio Cristiano, tuvieron consecuencias desastrosas sobre el pueblo, como que pretendían la supervivencia de un estado artificial; y de este modo, pronto desaparecen a su sombra todas las virtudes que constituyen el término medio común de las sociedades normales, para ser reemplazadas por las condiciones heroicas, es decir de excepción, necesarias al sostenimiento de un estado antinatural.

Por lo demás, la planta arraigó pronto, encontrando terreno propicio en las tendencias dominantes del pueblo, pues aquellas dos monstruosidades políticas fueron, ante todo, aventuras de paladines.

Bajo ese estado de crisis, mal cimentada aún la nacionalidad; el derecho en pleno conflicto de los fueros consuetudinarios con la unificación monárquica; el ideal absolutista en pugna con el sentimiento federal; el feudalismo que caía, poderoso aún, y el pueblo que se levantaba respetable; en esa crisis, el Descubrimiento produjo una inundación de riquezas. No podían llegar en peor momento para los destinos de la Península, pues fueron un tesoro en poder de un adolescente.

El equilibrio a que tendían aquellos antagonismos, y que hubiera llegado a establecerse después de las naturales oscilaciones, quedó roto para siempre asegurando el triunfo de la política absolutista. Floreció el pernicioso tema de la monarquía universal; y como el éxito no estaba en relación con el esfuerzo, el pueblo, falto del sensato reposo que da el trabajo para gozar de sus frutos, se entregó ciegamente a la dilapidación de su lotería. .

De tal modo, las tendencias de raza, el sentimiento religioso, el concepto político, la misma obra de la independencia con su carácter de militarismo exclusivo, la ignorancia general y el interés como remate, constituyeron al pueblo español sobre un patrón heroico, que sustituyó a la honradez con el pundonor y al deber con el entusiasmo. Admirable máquina de guerra, la conquista formaba naturalmente su ideal, y el destino le deparaba, con el Descubrimiento, un mundo entero en qué realizarlo.

El siglo xvi fue el siglo del Conquistador-. Al comenzar la Edad Moderna, este continuó el espíritu de la Edad Media. Obligado a ser valeroso únicamente, pues era el defensor de la sociedad, que a la sombra de sus armas trabajaba, y exento de todo otro esfuerzo y de toda contribución, puesto que daba la de su sangre por labradores y artesanos que costeaban gustosos su franquicia, todo se aunó para constituirlo en ser privilegiado. El instinto aventurero que las Cruzadas aguzaron hasta la locura, le dominaba enteramente. La bravura, que después de todo era la única condición de sus empresas y la garantía de su éxito, constituyó para él un cuito; y siendo solamente bravo, degeneró con toda facilidad en cruel. La misma cortesía, que fue el rasgo amable de su condición romántica, se tuvo por nada mientras no pudo tributar vidas de hombre a la prez de la dama preferida. Poco a poco, los trofeos de honor se convirtieron en su único salario, y como la guerra lo justificaba todo, el pillaje fue para él ocupación lícita; despojó a mano armada, los derechos más írritos, como el de fractura que enriqueció a tantos feudos ribereños, consagraron sus demasías, y la protección a los bandoleros, flor de sus huestes, fue tan celosamente conservada, que solo bajo Felipe II. las Cortes de Tarazona dieron a los oficiales reales potestad de penetrar en los señoríos persiguiendo malhechores.

Con la ambición se hermanaban en su espíritu dos pasiones correlativas, la superstición y el juego, siendo este al fin y al cabo un estado de guerra, en el cual, como en los trances bélicos, son elementos decisivos de triunfo la audacia, la oportunidad y la astucia-, nada diré de la superstición, que fue la enfermedad espiritual característica de la Edad Media, y quizá la más lúgubre forma de la inquietud. Ya se sabe, por otra parte, que el jugador de raza es, sobre todo, supersticioso. La inquietud de la Edad Media, que avivaron de consuno iras celestes explotadas por la ambición de los monjes, y conflictos de mundos, como aquella eterna y nunca resuelta amenaza del Asia, exasperose hasta la angustia en el alma sencilla del paladín.

Magias tenebrosas, importadas por órdenes como la del Temple, en cuyo exterminio tanto influyó el miedo; pestes atroces, de procedencia igualmente oriental; la alquimia cuyos prestigios confinaban con la brujería; el peligro enorme que implicaba el dominio de España y del Mediterráneo por tuerzas asiáticas; las leyendas de leprosos siniestros, que «atravesaban la Europa con mensajes de inteligencia entre los sarracenos de Asia y los de España, para una acción conjunta de la cual era sagaz avanzada el comercio judío; la astronomía convertida en un simbolismo aterrador; todas estas circunstancias dieron a la superstición un vuelo inmenso.

Es un hecho averiguado ya, que los Cruzados sufrieron su contagio oriental, mucho más definido por cierto en España, donde el contacto no fue ocasional y meramente guerrero, sino habitual durante ocho siglos: otra circunstancia que acentúa los caracteres del aventurero español. Aquel contagio, hizo sino avivar en el ánimo del paladín los rasgos fundamentales, puesto que provenía también de una civilización aventurera. Armas civilizadas, este no las tenía para luchar con el terror que torturaba su espíritu. Toda su ciencia se reducía al blasón, la cetrería y las armas; la filosofía era una especialidad del monasterio; el arte una tarea de villanos y de vagabundos. No le quedaba, entonces, otro refugio espiritual que la fe En ella se exaltó su bravura y se robusteció su superstición, puesto que era una fe ignorante; y de ella resultó otro rasgo también saliente de su carácter: la tenacidad.

Intrépido, no tenía en ello escasa parte su ignorancia, pues lo cierto es que en fuerza de creer pequeño al mundo, , los descubridores se arriesgaron a la empresa que lo agrandó.

El orgullo de raza, despertado por las victorias sobre el infiel, agregaba otro motivo a la bravura; y tal conjunto de cualidades y defectos, entre los que sobresalían el coraje y la superstición, dieron igual fondo imperioso a su carácter y a su ideal. Este era en lo cercano la fama y en lo remoto la religión, es decir dos pasiones. De aquí la intolerancia dominadora y la ausencia completa de espíritu práctico.

Idealista, la empresa que acomete no le interesa, sino porque puede darle timbres de honor; supersticioso, tiene el alma predispuesta a la fantasía de las tierras encantadas; bravo, la empresa más difícil le parece poco para ilustrar su nombradía; ignorante, carece de los puntos de comparación que podrían arredrarle, demostrando lo excesivo del esfuerzo.

Las grandes expediciones, sin consecuencia hasta hoy, ni aun a título de dato geográfico, cual la de aquellos temerarios aventureros que se cruzaron la América desde Quito a la boca del Amazonas; las exploraciones quiméricas en busca del clásico Eldorado, o de las inhallables ciudades de los Césares[5], revelan en el conquistador, de una manera concluyente, al paladín medieval. Eran las Hircanias y Guirafontainas de Amadises y Gaiferos[6].

Esa aventura de la conquista fue una prolongación, por otra parte, del estado militar en que dejó a España la guerra con el moro, sirviéndole a la vez de estímulo, en- contraposición al interés civil y al progreso, afectados por el militarismo exclusivo. Después de todo, el Descubrimiento había, sido una consecuencia de esa situación.

Cerrado, o estorbado a lo menos, el acceso del Mediterráneo por la amenaza turca, la piratería trasladó al Atlántico su campo de acción, familiarizándose con la alta mar; y buscando por ella una senda de travesía, para evitar la obstruida ruta de las Indias, se dio con el Nuevo Mundo. Así, el tipo del paladín y el acto del Descubrimiento, fueron natural consecuencia de un estado social y político, no una excelencia de raza ni una invención genial. El prestigio del aventurero reside en lo pintoresco, tanto más acentuado cuanto es más discorde con su tiempo; y el mérito de la empresa estriba puramente en su audacia; pero tanto el hombre como la acción, son dos accidentes históricos, sin ninguna importancia intrínseca excepcional.

Ella está, para mi objeto, en la expansión que dio al proselitismo religioso-militar y al afán de riqueza inesperada, peculiares de la empresa aventurera, haciendo de España el país conquistador por excelencia.

Doble prueba de su especialidad en tal sentido, es su éxito y el fracaso de las naciones restantes. La tentación era demasiado fuerte, en efecto, para que estas no intentaran un lance igual. El resultado les fue adverso, y no se diga que por falta de marinos. Inglaterra tuvo entre los mejores a Drake y a Frobisher; Italia, sin contar el Descubridor, a Vespucio, Corsali, Verrazzano y Marco Polo; Francia a Cartier, Roberval y Ribaut; sin contar aquellos bravos portugueses, cuya fama envolvía al globo en red de hazañas, desde

---

5   Según el P. Lozano, eran tres, llamadas de los Hoyos, del Muelle y de los Sauces. Creíanlas situadas en los Andes australes, frente al Chiloé, y construidas por unos náufragos españoles que se perdieron en el Estrecho en tiempo de Carlos V, razón por la cual se los habría llamado los Césares. Véase a este respecto el Cap III.

6   Una de las cosas que Colón se proponía con el Descubrimiento, y así le manifestó a los Reyes Católicos, era llegar a Jerusalem por otro camino y rescatar el Santo Sepulcro. Su mismo carácter comercial y práctico, hasta el extremo que dejan ver las estipulaciones con la Corona, no escapó a la influencia paladinesca.

el Catay famoso al bárbaro mar del Africa[7]. No llegaron ni con mucho a operar en la misma escala que los españoles, y tanto Cortés como Pizarro siguen siendo el modelo del Conquistador.[8]8

Es que la conquista, por lo que tenía de quimérico, de colosal, de problemático, era una empresa medieval, cuyo cumplimiento requería espíritus y tendencias medievales. Las demás naciones empezaban ya su evolución moderna, modificando rápidamente la antigua estructura; so hallaban en condiciones inferiores ante el caso especial, que requería las peculiaridades abandonadas. Más calculadoras y utilitarias, fracasaron en eso, porque progresaban en sentido moderno; y si no acrecieron la honra, aumentaron el provecho, mientras los otros realizaban el viejo ideal, alcanzando la miseria en la plenitud de su gloria estéril[9].

Para abrir el Nuevo Mundo, se necesitaba conquistadores, es decir hombres de aventura que realizaran en un año lo que el colono, sedentario por naturaleza, habría efectuado en un siglo. Y solo España tenía conquistadores. Los demás países, al volverse industriosos y comerciantes, se tornaron colonizadores, sien do la colonia y las instituciones representativas, consecuencias políticas del período industrial[10]. Así se explica cómo habiendo ejecutado España la apertura del Continente, fueron otros los que disfrutaron de su riqueza en definitiva[11]. El oro de América no enriqueció propiamente a España, puesto que no se transformó para ella en ramos per-

---

7   Sinus Barbaríais. Así llamaba en su pintoresca terminología, al mar que baña las costas orientales del Continente Negro, el mapa-mundi publicado en 1529 por Diego Ribero, cosmógrafo del Rey.

8   Esto puede precisarse en forma más concluyente, por medio de una comparación. Contando solamente los jefes de expediciones que surcaron el Océano y realizaron descubrimientos, desde 1492 hasta 1610, año en que los jesuitas se establecieron en el Paraguay, los españoles alcanzan a 84; mientras que el resto, en el cual incluyo juntos a ingleses, franceses, holandeses, italianos y portugueses, apenas llega a 72.

9   Montesquíeu en De l'espririt des Loís, Liv. XIX ch. X, reconoce el mismo fenómeno al paso que alaba la honradez española; y mas lejos, (liv. XXI, ch XXII) fija en cincuenta millones término medio el comercio de las Indias, haciendo notar que España solo concurría a él con dos millones.

10   Montesquieu (op cit.) llama al comercio "la profesión de los iguales".

11   Ya por el lado científico, empezaba a ser notable esta diferencia. En efecto, de 1492 a 1610, los globos, mapas y atlas extranjeros, que describían las tierras recién descubiertas, son cerca de 70, casi todos alemanes, portuguesas e italianos, contra media docena de españoles; pudiendo agregarse que de los 30 grandes nombres de sabios, cuya gloria llena los siglos XVI y XVII, desde Copernico a Papin, no hay uno solo español

manentes de producción, pasó a su través como por un cedazo demasiado ralo, sin dejarle más que un residuo Insignificante. En cambio le quitó, por medio de la selección violenta que efectuaron de consuno las aventuras y las quimeras, la población más viril; resultándole desastroso aquel oro que le compraba su sangre.

La consecuencia es mucho más terrible, si se considera que junto con los elementos mejores, perdía la esperanza de reaccionar, siendo aquello un fenómeno análogo al encadenamiento de procesos destructores que mina los organismos en decadencia.

Producto de la Edad Media que moría al empezar la conquista, el aventurero llevó al principio la ventaja, aunque para el concepto medieval del paladín, es decir, del guerrero exclusivo a quien sucedía, sea ya un tipo de decadencia; pero al correr los años, el colono se sobrepuso lentamente hasta vencerlo, por su mayor conformidad con las tendencias dominantes: y los resultados de uno y otro tipo, con sus respectivos métodos de ocupación, quedan patentes en ambas Américas. La del Norte, al libertarse, produce sobre todo hombres de gobierno; si por algo peligra allá la libertad, es por carestía de militares. Acá, es todo lo contrario; sobran guerreros y faltan estadistas. Tal las consecuencias acarreadas por el predominio respectivo del colono y del conquistador. Ambos fueron lógicos en el momento de la conquista, porque este era de transición, mas el uno fincaba su prestigio en el pasado, mientras el otro contaba con el porvenir.

Entretanto, los privilegios feudales pasaban al pueblo, que había combatido con el Rey contra los señores, bajo la forma de empleos en la administración, en la Iglesia y en el ejército. Pero esta alianza no quitó al privilegio nada de su carácter odioso, y hasta agravó su daño al difundirlo, determinando en el carácter nacional un individualismo agresivo, que hizo de cada español un pequeño tirano, mucho más cuando a esto se unía un enorme orgullo de raza, en el cual colaboraron el fatalismo de cepa oriental y el egoísmo del conquistador afortunado.

Junto con los poderes feudales, pasó al pueblo el ideal guerrero, con tanta mayor facilidad cuanto que aquel acababa de ser soldado con el Rey. El clero fue separándose cada vez más de Roma, para colocarse al lado del monarca, siguiendo la inclinación y las conveniencias que emanaban de su origen popular; por último el empleado, sobrepujó su exclusiva condición de amanuense, cuanto terminó la era puramente militar, convirtiéndose en un resorte esencial de gobierno, al acrecer su importancia la administración en la nacionalidad unificada. La Iglesia, la administración, y el ejército proporcionaron, pues, las profesiones más lucrativas, señaladamente este último. Los hombres de más talento y de mayor ilustración, enganchábanse como soldados rasos, tal era la estima en que se tenía a la carrera militar; pero semejante limitación profesional, aparejaba el desdén de la agricultura y del comercio. En estas ramas de la actividad no había nobleza, es decir privilegio, careciendo de importancia por consiguiente para el hidalgo, y el hidalgo formaba legión. En ciertas partes la hidalguía era un derecho de nacimiento.

Los semitas, excluidos de esas tres profesiones honoríficas, buscaron en el trabajo de la tierra y en el comercio, que por único recurso les quedaban, fructuosa compensación; y la necesidad dominó su indolencia oriental. Los judíos compraban la recaudación de las rentas y tributos reales, volviéndose doblemente odiosos al asumir este carácter fiscal, que era lo más aborrecido por un pueblo a quien las exacciones agobiaban; y para colmo sus hijas, a costa de crecidas dotes, enlazábanse con nobles tronados, según lo refiere el ya conocido Tizón de la nobleza de Castilla, iniciando esa conquista comercial del título, tan detestada en todos los tiempos y en todos tan eficaz.

El contraste alarmó bien pronto a los invadidos. La soberbia de raza no pudo tolerar aquellas fortunas. La religión atizó el descontento con su odio tradicional, y la expulsión, otra consecuencia absolutista, dio a España la unidad de la miseria, que por cierto no había buscado. España desapareció como país productor, y sobre el erial que diariamente aumentaba, en aquella lucha por la esterilidad, consecuencia de un ideal estéril, imperó como señor natural el hidalgo haragán y soberbio, para quien el tiempo fue arena que dejaba escurrirse al desgaire entre sus dedos, mientras mascullaba, susurrando coplas, el mondadientes simulador de meriendas; flotante en la altivez de su ojo arábigo un ensueño de Américas dilapidadas; su sangre hirviendo con la sed de fiestas crueles; su corazón harponeado por amores morenos; gran rodador de escudos, botarate magnífico, tan capaz de un heroísmo como de una estafa; místico bajo la cota, guerrero bajo la cogulla, y pronto siempre a tapar el cielo con el harnero de su capa familiar.

Nadie sintió el estrago, mientras duraron las empresas militares y la embriaguez de victoria que produjeron. Todo parecía conjurarse para realizar el ensueño de riqueza mágica, en las pintorescas regiones donde vestía de oro a su dueño la desnudez de la espada. Pero al producirse la contracorriente conquistadora, en los comienzos del reinado de Felipe II, comenzó el fracaso. La conquista no dio abasto ya para la satisfacción del ideal nacional. Cubiertos de heridas sin gloria por anónimas saetas de bárbaros; con un culto tal del coraje, que las milicias castellanas consideraban cobardía el atrincherarse; curtidos por su desamparo solar de as- dos, que habían carecido hasta de su propia sombra; más bravíos, si cabe, al contacto de la breña virgen; orgullosos de haber sobrellevado peligros que semejaban fantasías de leyenda, volvían a arrastrar su fastidio en el suelo natal asaz estrecho.

Los pobres, se habían endurecido demasiado para doblegarse al yugo del trabajo, en su intimidad con los fierros de pelea; los ricos, se apresuraban a vaciar la escarcela en la car peta. El desprecio del oro conseguido en la guerra, que no era sino una indirecta ostentación de valor, engendraba el desdén hacia toda aplicación productiva. Por nada de este mundo habría degenerado el héroe en comerciante o en labrador. Acabada la fortuna, lo que acontecía en un tiempo harto breve, si estaba aún vigoroso volvía al teatro de sus hazañas, si viejo, se moría tranquilamente de hambre en su nostalgia de aventuras ultramarinas, o se metía asceta, para liquidar en la atrición sus cuentas de sangre y de saqueo, pero sin que la reacción fuera jamás hacia el trabajo, penuria de siervos y de gañanes.

El raudal de sangre pura que atravesó el Océano, tornaba viciado por gérmenes de disolución, mucho más activos a causa del trasplante; y aquella diseminación de aventureros, corrompidos por esa atroz libertad de instintos que fue la conquista en el Nuevo Mundo, causó tanto daño a la Península como la invasión gitana, y el azote de las plagas inmundas con las cuales fue sincrónica.

La decadencia industrial do España asumió los caracteres de un derrumbe, tan brusco cual lo fue el abandono en pos del ideal conquistador. Cesaron las exportaciones de tejidos en lana y seda, de cerámica[12] y otros artículos, que durante la época arábiga iniciaron transacciones con Sicilia y Cerdeña, adquiriendo mayor importancia en los mercados flamencos y alemanes. La química industrial, aplicada a explotaciones como la del oleum magistrale y la potasa que surtían a Inglaterra, desapareció con los restos de la cultura

---

12   Tan español este ramo, que las mayólicas perpetúan hasta ahora con su nombre, el recuerdo de su origen: Mallorca.

morisca. El desierto y el bosque avanzaron sobre huertas y sembradíos; y no parece sino que una intención simbólica, bautizó al monumento clásico de la monarquía con el nombre del escorial.

El fanatismo religioso que precipitó la despoblación, y los impuestos excesivos, contribuyeron a matar el progreso español, presentándose como consecuencias del absolutismo. La importancia comercial de España había sido tan grande, que las naciones tenían adoptado por código marítimo internacional el Libre del Consulat de Mar, promulgado en Cataluña, aceptando además como meridiano inicial el de las Azores. La absorción militar de esos centros parciales de cultura, anuló el progreso que habría sobrevenido, al incorporarse todos ellos en la nacionalidad común, viniendo a ser la unidad un azote para la Península; por otra parte, la conquista, al emplearse en ella lo más selecto de la población, arrastró a América los mejores industriales, y de consiguiente su industria, explicando esto cómo México tuvo canales dos siglos antes que Inglaterra, y telares de seda en 1543; y cómo en tiempo del viaje de Humboldt se fabricaba pianos en Durango, mientras en España no había ya quien los hiciera.

La concentración de productos brutos que iban de América en cantidades inmensas, limitó la especulación comercial a un intercambio de materia prima y manufacturas extranjeras, prolongando el régimen medieval de las transacciones en especies, al paso que toda la Europa salía completamente de él.

Bálsamos, maderas, alimentos tan preciados como el azúcar, plumas, pedrerías, pastas preciosas, artículos de fantasía que la riqueza extranjera pagaba sin regateos, llevaron a España el oro del mundo; improvisáronse fortunas colosales, los precios subieron hasta lo fabuloso. El rezago aventurero de la Edad Media que acababa, buscó aquel centro natural de reunión, agregando a la conquista su turbia gloria los mercenarios de toda la Europa, desde el lansquenete con su táctica famosa, hasta el griego insular con sus clásicas piraterías[13].

Combustibles en una hoguera, aumentaban el esplendor fugaz; pero sus heces contribuye ron no poco a obscurecer el cuadro de la decadencia, a

---

13   Una de las cédulas firmadas el 30 de abril de 1492 para facilitar el viaje de Colón, prometía a cuantos se embarcaran con él, no perseguirlos por sus delitos anteriores, hasta dos meses después de su regreso a la Península. Este procedimiento se volvió práctica consuetudinaria.

cuyo fondo tenebroso añadía el contrabandista gitano las escorias de su fragua clandestina.

La fácil transacción de toma y daca mató a la industria, ocasionando con su magnificencia retrospectiva, una voz pasado el torbellino, la continuación del sistema que produjo la decadencia. Los buques españoles abandonaron los puertos europeos, para largarse hacia las nuevas costas, cediendo el campo al comercio inglés. Este dominó de tal modo y tan rápidamente en la misma Península, que en 1564, el gobierno español, en represalias de ciertas piraterías británicas, detuvo en sus puertos treinta buques ingleses con más de mil marineros. La industria española, que hubiera podido surtir al Nuevo Mundo, sucumbió en la persona de sus artesanos, contagiados por la fiebre aventurera, siendo sustituida por la británica[14] y volviendo más amargo el despertar de aquel ensueño de grandeza. Este dominó contra todo. Tentación lograda, su prestigio subsistía en las mentes que trastornó, y si se tiene en cuenta las predisposiciones nativas, es fácil comprender lo imposible de una reacción. La fantasía suplió con sus creaciones al perdido fausto; el orgullo heredó de gloria a la nación; la tenacidad característica incrustó para siempre en su ánimo ese culto del pasado, que no impone responsabilidad alguna al deudo, por ser esencial mentó decorativo.

El gobierno, aun siendo tan poderoso, defirió a las inclinaciones nacionales con mayor fuerza quizá, siguiendo una tendencia genérica. Efectivamente, «gobernar» en su acepción política, es la expansión metafórica de un vocablo náutico —en realidad dirigir el buque—, pudiendo continuarse la metáfora en sentido psicológico, si se aplica a la situación del timonel. Este y el gobernante se encuentran realmente en la popa de la nave, no estando entonces llamados a descubrir las nuevas tierras; y he aquí por qué solicitar de los gobiernos iniciativas revolucionarias, equivale a sacarlos de su cometido.

Aquella monarquía peninsular, que ni con mucho podía ser calificada de progresista, dado su ideal absoluto y su concepto puramente militar del mando, tenía además en la ignorancia pública una garantía de impunidad a

---

14   De tal manera fue notable esa sustitución, que ya í mediados del siglo xvi, los lienzos rojos y azules de Suffolk dominaban en la Península. Lienzos blancos más finos, cotonía de toda clase, sedas, brocados, joyas, vinos, hasta trigo y lana en rama, se importó de Inglaterra. Las propiedades inglesas en España, alcanzaron a un total de 60.000 libras

todo abuso. Excediose, pues, en sentido retrógrado, y la acción depulsora, que es común a todas, fue decidida contramarcha en ella.

Las fortunas, pasajeras como es natural en un medio de pura especulación, y con tan rápida decadencia, desclasificaron, tanto en su elevación como en su caída, otra buena parte del pueblo-, y la libertad de testar, adquirida por sucesivas desviaciones del derecho foral, durante el siglo xvi, agravó la perturbación; pues los señores la aprovecharon para heredar de preferencia a sus mancebas y bastardos. El azar se volvió entonces un arbitrio económico, disminuyendo, hasta perderse, toda noción de prosperidad normal. El empleado fue el único que siguió lucrando, en una administración cada vez más complicada por la necesidad de encontrar recursos en el impuesto, es decir, cada vez más artificiosa. Foro, clero y ejército eran sus campos de explotación, y cada uno tuvo su peculiar habitante.

En sus marchas a través de la Europa y del Asia, el soldado se había vuelto el transeúnte del mundo. La azarosa colección de aquellas milicias, que preludiaban en manera tan informe a nuestros ejércitos regulares; el carácter de esas guerras, con el bandolerismo nómada de los mercenarios que acudían a ellas como a una caza montes; la división en mesnadas, completamente análogas a las corporaciones de bandidos, con quienes las confederaban sus señores, hicieron de la vagancia una costumbre militar, a la cual contribuía con su ligereza específica la miseria del soldado. Piste la aceptó sin gran repugnancia. Recorrió el globo trampeando, pues el saqueo constituía su jornal; la vida errante le desvinculó de familia y patria; el ocio aventurero atrofió su capacidad productiva; el desamparo en semejante medio, llevó al auge su trapacería y sus mañas; y la adaptación a semejantes condiciones, tanto como el abandono de toda virtud pacífica, dieron predominio absoluto en su carácter al ingenio y al valor.

Con desenfado igual combatían por el Papa y mezclaban hostias al forraje do sus caballos; cálices y copones, teníanlos por vajilla de cantina; las vírgenes del Señor eran los pichones de su cuaresma; de emparejarles la apuesta, habrían volcado la bola del mundo en sus cubiletes. Langostas de la guerra, mucho más temibles que los enjambres alados, la tierra fue el rastrojo que se comieron. Durante años y años se los había visto pasar bajo los estandartes y las picas, como a través de escueta vegetación, repercutiéndoles en el enjuto estómago los tambores de piel de hombre; provocando el bigote con sus petulantes antenas; cubiertos de remiendos internacionales sus calzones de estambre y sus jubones de cordobán; limpios solo de sable y de bolsillo; mordido de herrumbre el peto, el birrete de hierro apuntado por la mecha del arcabuz[15].

Como ejemplo realmente épico que preludia dignamente la Conquista bajo su faz militar, debe de citarse siempre las nunca bien celebradas expediciones de los almogávares o veteranos catalanes, que bajo las órdenes de Roger de Flor llevaron su contingente al imperio bizantino de los Paleólogos, amenazado hasta la ruina por los belicosos principados en que se había divido el vasto imperio de los sultanes selyúkidos.

Llegados a Constantinopla en 1302, corno salvadores del imperio, en ventajosa sustitución de la célebre guardia escandinava de los Vaerings, muy decaída por otra parte a la sazón, el emperador nombra a su jefe megaduque de la escuadra, otorgándole así el cuarto rango, del imperio, y lo casa con una princesa sobrinu suya. Así asegurados, parten los almogávares para Cyzica, que toman como .base de operaciones, iniciando estas por la Anatolia y la Mysia. Una marcha triunfal, que dados la comarca y sus recursos resulta verdaderamente maravillosa para aquellos seis mil aventureros, gota de agua en el movedizo océano de las tribus sarracenas, les da el dominio de la Lidia y del valle del líennos, al paso que sus galeras van haciendo paralelamente el periplo del Egeo. Ninfea, Meagnesia, Efeso, todas las ciudades de la grande historia romana y cristiana, caen en su poder. Intérnanse más todavía, en las regiones casi legendarias de la Pisidia, la Licaonia, la Frigia, la Caria y la Capadocia, hasta el célebre desfiladero de las Puertas do Hierro, que da entrada por el macizo del Tauro a la Cilicia marítima. Regresan, después de haber impuesto con el de su fama el respeto del nombre bizantino en tan dilatado país, y traicionados por el emperador a quien parecieron ya temibles con tal victoria, se atrincheran en la península de Galípoli, cerrando así la entrada occidental del mar de Mármara.

Después de una tregua pasajera, en la que Roger de Flor encuentra el título de César —segunda dignidad del imperio jamás otorgada a ningún extranjero— y la muerte en pérfida emboscada dispuesta por el emperador, la guerra entre este y los aventureros, vuelve a encenderse. Dos años batallan estos en sus fortificaciones de Galípoli. Asolado el país circunvecino hasta las mismas puertas de Constantinopla, aquella especie de república mili-

---

15   Los escritores tácticos españoles, como Sancho de Londoflo, Bernardino de Mendoza, Gutiérrez de la Vega, etc., alcanzaron renombre internacional

tar emprende marcha con dirección a la Grecia, después de haber puesto a saco todo el litoral del mar de Mármara y sus islas, no sin haber alcanzado en audaz correría los mismos contrafuertes del temido Balkán; estréllase en un ataque infructuoso contra los monasterios del monte Athos; atraviesa el mar en dos ramas, conquistando una de ellas la Tesalia y forzando las Termopilas, como para que nada faltase a su gloria, apoderándose la otra de Negroponto y llegando ambas hasta la frontera del ducado franco de Atenas que hacen suyo en la sangrienta batalla de Copáis, para conservarlo durante más de tres cuartos de siglo y celebrar sus hazañas bajo el mismo augusto techo del Partenón. Todo esto en solo nueve años, de 1302 a 1311, repletos con las más grandes proezas y los más soberbios pillajes de la historia. La Anabasis griega resulta pequeña ante esta colosal empresa, cuyo parangón solo podrían darlo las más audaces ficciones de los libros de caballería.

Distinguían al hombre de ley su venalidad y su torpeza. Si juez, el delito se le escapaba siempre; si alguacil, su pesquisa no daba sino en algún inocente desvalido, que pagaba por justos y pecadores. Era costumbre inveterada, desde dos siglos atrás, que los cuadrilleros de la Santa Hermandad sisaran en los robos que descubrían. Las pandillas de ladrones habían llegado a reservar la quinta parte de sus robos, en los recuentos semanales que practicaban, como renta de soborno; este daba al empleado una fuente de recursos, si no lícita, tolerada a lo menos; y con tales costumbres, el ideal de justicia fue substituido por la perfección del procedimiento. La cuestión era tener víctima, y para esto servía cualquier prójimo, encargándose del rosto la tortura. Derecho y jueces andaban a la greña. La obra escrita era admirable, y las leyes de Indias forman por sí solas un monumento; pero el hecho de ser uniforme para un Continente de regiones tan diversas, está revelando su carácter artificioso. El conflicto residió siempre en que la Corona legislaba, pero no tenía cómo aplicar su legislación. El hombre de ley era un empleómano y do aquí provenían todos sus defectos. Soberbio con el pueblo, bajaba en la oficina a instrumento de sus subalternos, que le ganaban el lado tlaco de la venalidad, convirtiéndose en sus cómplices; y a estado semejante, correspondía por parte del pueblo el más profundo desprecio hacia el hombre de ley.

Aquella fue la edad de oro del rábula. La jurisprudencia, hermana do la teología que degeneraba rápidamente en casuismo, llegó a ser una habilidad de sofistas, en esgrima de cortapisas y subterfugios. El alegato adquirió más importancia que la prueba; y aquella literatura forense, presentad más fértil enredo de suspicacia que se haya visto nunca, bordado con sutilidad bizantina desde en el auto del juez hasta en la rúbrica historiada del cartulario, sobre el fondo de barbarie inconmovible que hacía del proceso un ojeo de hombres.

Por otra parte, la misma Universidad comenzaba el estrago. El juez, el abogado, el escribano futuros, salían ya bribones de aquellas aulas, cuya tortura mental, deformando los espíritus, daba por fruto una moral igualmente contrahecha. Nada como el bachiller español en punto a estafas, raterías y travesuras brutales. Ni los salmantinos escaparon al contagio general. William Lithgow, viajero contemporáneo, decía en 1620, refiriéndose a la célebre universidad, que era en ella donde nacían «aquellos enjambres de estudiantes cuyas picardías, robos y mendicidad, poblaban la tierra.»

Esquilmados por sus tutores y bedeles; sin más recursos que la pensión insuficiente o la magra beca; atiborrados de indigesta erudición, cohibidos por una disciplina de monasterio, la reacción de la Naturaleza así violentada, los conducía al fraude libertador. Aquella juventud, oprimida bajo el férreo arnés de juicios y prejuicios que formaban la ciencia de la época, se escabulló en una jocosa truhanería. Su vivacidad canalla fue, después de todo, el único regocijo en aquellos páramos de la escolástica, la única protesta contra esa ciencia en silogismos, que no había podido entender la lógica elemental de Colón: la buena, la franca jovialidad que abría al racionalismo un postigo con la sátira, concertando epigramas en el fondo de su bonete.

La avería del carácter no era menos honda, sin embargo. El descreimiento en todo lo que no fuera argucia, se hizo de regla; la pedantería, elevada a las nubes por una enseñanza insuficiente, injertó en la cepa soldadesca del fanfarrón, duplicando su fuerza: y este paso atrás se daba cuando Florencia, Londres y París, fundaban academias de ciencias a tres y nueve años de intervalo[16]; cuando el periodismo nacía en Venecia y en Amberes; cuando

16   Las mismas casas soberanas iniciaban la evolución en tal sentido, siendo notables, desde este punto de vista, aquellos Médicis, cuyo carácter parecía sintetizar la orgia de vida y el salvaje individualismo del Renacimiento. Comerciantes, representaban bien con su soberanía la evolución social operada, siendo Cosme y Francisco, químicos distinguidos. De los dos, este fue el primero que fabricó porcelana chinesca en Europa. y habiendo aprendido de Benvenuto Celllni el arte de falsificar zafiros y esmeraldas, lo aplicó en negocios, si no correctos, brillantes. Descartando la fiera medieval, rugiente a ratos bajo la urbanidad toscana, diríase que ese admirable déspota preludió vacamente a Luis XV, hasta con su queri-

la filosofía positiva alboreaba con Bacán. Pero si España podía defenderse con la ignorancia común, todavía grande, aunque no intentara salir de semejante estado, alegando que el doctor Sangredo, por ejemplo, imperaba en las cátedras de todo el mundo, el derecho, que es la base de mi argumentación en esta parte, se veía contrariado por tropiezos inherentes al medio.

El estado larval que implicaba su existencia en los fueros, se perpetuó por la impotencia del gobierno monárquico para realizar la unidad, en el único sentido que la habría hecho duradera; pues el espíritu foral, enemigo encarnizado del romanismo, se conservaba violento a pesar de las deformaciones. Había sufrido, sin cambiar en substancia, la adaptación torpemente efectuada por los abogados del siglo xiv, e intentada desde el anterior, al contacto, diríase íntimo, con los bizantinos[17], como que la madre de Jaime el Conquistador, por ejemplo, fue nieta de Manuel Comnemo I[18]. La barbarie

da—aquella Bianca Capello cuyas cualidades, así como su situación respecto a la consorte legítima, le dan un parecido tan grande con la Pompadour. Espada, con su quemadero de herejes y su devoción siniestra, era ciertamente la antipoda de aquel Estado.

17   Ya hemos mencionado la expedición de los almogávares, Conviene recordar que la unión hispano-bizantína, venia desde los árabes, hasta tal punto, que el arte arabigo-español de la segunda mitad del siglo x, se llama del período bizantino. Estrechas relaciones unían al califato de Córdoba con el imperio griego. El alcázar de Zahra, cerca de esta última ciudad, fue construido por arquitectos de Bagdad y de Constantinopla que Abderramán había llamado en 936. La fuente jaspe con su cisne de oro, obra la más admirable de la sala del califa, era bizantina, y sobre ella estaba suspendida la famosa perla que este había recibido en presente del basilio. Igual origen tenía otra fuente cincelada y dorada de los jardines. El ímperío bizantino había llegado en el siglo x al apogeo de su gloria y de su cultura, siendo bajo este aspecto el centro del mundo; lo cual explica la Influencia mencionada.

18   Un dato más interesante aún; La iglesia de San Juan del Hospital, en Valencia, conserva la tumba de una basillisa bizantina, doña Constanza, fallecida en 1313 como religiosa de Santa Bárbara, después de haber llevado la más novelesca existencia. Era hija natural reconocida del emperador Federico II de Hohenstaufen y de la piamontesa Blanca Lancia, es decir hermana del famoso Manfredo de Sicilia a quien Dante encontró en su Purgatorio (Cinto III) biondo e bello e di pentile aspeito, y del poético Enzio. Casada en 1244 con Juan Ducas III, llamado Vatacio, el gran enemigo de la iglesia romana y de los francos, viose pronto suplantada en el corazón de su marido por una dama italiana, la Marchesina, que era a la vez su gobernanta, pues la princesa no contaba sino doce años mientras el emperador era ya quincuagenario. La italiana subyugole de tal modo, que su séquito llegó a superar al de lá soberana legitima, teniendo derecho hasta para calzarse de púrpura como una emperatriz. Muerto Vatacio, sucediole Teodoro Lascaris, hijo de un primer matrimonio, sin que por ello mejorara la suerte de Constanza, pues este negole siempre el permiso que con reiteración pidiera para volver a su patria, conservándola como un rehén contra los latinos de Constantinopla, a pesar de las reiteraciones de

feudal de esos privilegios, chocó rudamente con el absolutismo latino de la monarquía, pero sin intervención del pueblo, a no ser como carne de cañón.

Las tentativas para suprimir semejantes focos de separatismo en las soberanías incorporadas, fueron éxitos más militares que políticos, pues a los abolidos no se los compensó con nada mejor, dado que la ley sustituyente era solo un instrumento de explotación fiscal. Los subsistentes, lógicos en los tiempos feudales, quedaron como un arcaísmo, intrincando la legislación sin fruto alguno; y el Estado, como se verá en breve, fue nada más que una policía incómoda, dedicada por entero a la extorsión contributiva.

Sobrepúsose entonces la destreza leguleya al principio de equidad; toda noción de rectitud quedó suprimida por el cohecho, la justicia fue un privilegio a su vez en aquella subversión general, constituyéndose de hecho el pueblo bajo la forma de una sociedad primitiva, donde cada cual se hacía justicia a su modo, sin alcanzar el equilibrio de las agrupaciones civilizadas, en que el derecho, que es la conveniencia de los más, fundada y estatuida sobre el interés recíproco, se sustituye a la fuerza y al individualismo bárbaro de la época feudal.

Los pueblos salían, entretanto, del ideal de gloria, que la Edad Media mística y paladinesca les legara, entrando de lleno al de justicia, que las aspiraciones democráticas traían consigo; y nada más distante de él que ese derecho español, todo chicana bajo su cariz entre teológico y curial.

Manfredo. El advenimiento de Miguel Paleólogo en 1260-61, la encontró joven de treinta y dos a treinta y tres años, y seguramente hermosa, pues el nuevo emperador enamorose locamente de ella. Entraba en las pretensiones matrimoniales que este manifestó desde luego, su parte de razón política; puesto que aquel casamiento, dando nueva mente a Costanza el trono bizantino, eliminaba a Manfredo, ya rey de Sicilia, de la liga latina formada para la reconquista de Constantinopla—echándole del lado griego. Pero el Paleólogo era casado, y su mujer, la basilisa Teodora, madre de siete hijos, negábase obstinadamente al divorcio. El patriarca de Constantinopla púsose de su parte, amenazando al emperador con la excomunión. Decidido este, entonces, a apartarse del objeto de si amor, canjeó a la desventurada princesa por el cesar Stratigoponlos, prisionero de Manfredo, regresando aquella a su tierra natal en 1263. Dos años, apenas, permaneció con su hermano, debiendo huir al cabo de este tiempo, ante la Invasión del reino de Nápoles por Carlos de Anjou. Trofeo de los angevinos, como toda la familia de su hermano, fue quizá la única que no murió prisionera. En 1260 pasó a España con autorización de los vencedores, sin duda, siendo bien recibida por el infante don Pedro de Aragón, casado con una sobrina suya de su mismo nombre. Profesó en el monasterio de Sarta Bárbara, en Valencia, donde vivió muchos años todavia.
Pido excusas al lector por la longitud de esta nota, en gracia del interés histórico que encierra.

El clero experimentó una evolución análoga. Sus cismas y transgresiones, daban pasto abundante a la sátira popular. Ya durante la Edad Media, había quedado clásico el sucedido de Ramiro II, que profeso de los benedictinos y obispo de Pamplona, fue autorizado por el antipapa Anacleto para casarse con la hija del duque de Aquitania, en la cual tuvo a la reina Petronila; y durante el siglo xv, que acentuó más aquellos vicios, hubo casos como el de don Alonso de Aragón, hijo adulterino de Fernando el Católico y arzobispo de Zaragoza, padre a su vez de un vástago natural y sacrilego, que le sucedió en el sagrado cargo; ello sin contar la exaltación, mucho más concluyente, del primogénito del Papa Alejandro VI, a quien el mencionado monarca hizo duque de Gandía.

Tales excesos, rebajaron su prestigio. Con todo el respeto que inspiraba, su condición disoluta no escapó a las férulas del cuento picaresco. Este reeditó, enriqueciéndolo con nuevos detalles, el tipo del clérigo vividor, que Novélanos y Decamerones habían paseado en bragas sueltas a través de la Italia galante. Prebendados de triple mentón y sensuales labios de berenjena; abades de culminante panza; novicios cavernosos do flacura—son los mismos que divierten a la Península, en parranda con mozas de chancleta y manga ancha, fieles al ósculo de la bota y ambos brazos ocupados, ese por la guitarra de las juergas, este por la Justina o la Flora, saladas biznietas de las picantes Caterinas.

La Inquisición hizo la vista gorda ante aquellas impertinencias, que denunciaban, por otra parte, un daño real. Toleró la avaricia y la incontinencia del clero, sin duda porque no encontraba en ellas un peligro para la integridad de la Iglesia; pero el cuento picaresco jamás se metió con el dogma. El respeto hacia este fue siempre grande. Era la letra, es decir la forma intangible, que el Santo Tribunal cuidaba con celo atroz. Poco importaba que las virtudes desalojaran la construcción teológica. La religión se dejaba llevar también por el extravío de las ideas dominantes. Su programa de estabilidad eterna, se satisfacía con la permanencia del edificio.

Esta materialidad pervirtió su fervor primitivo, limitando sus persecuciones al hereje rico. Su desdén por los gitanos, introductores de brujerías tan peligrosas como los naipes, que fueron primitivamente libros de suertes, es una prueba. El gitano era pobre, no presentaba aliciente a la confiscación; resultando de esta tolerancia, que el elemento asiático cuya productividad estaba demostrada por el trabajo, fue expulsado; mientras el vagabundo de baja ralea, quedó influyendo sobre la desorganización general, y agregando, con su fecundidad característica, elementos de la peor especie al ya acentuado orientalismo de la raza.

Chalán de mala ley, albéitar por consecuencia, contrabandista por vocación, hechicero a ratos, trápala siempre, el gitano se halló pez en aquellas turbias aguas. El medio le fue tan propicio, de tal mudo se avino con el pueblo, que las reales órdenes dadas en su contra con progresiva frecuencia, desde el siglo xv al xviii, jamás produjeron efecto. Disfrutaba de la indiferencia pública, a causa de su condición nada envidiable, cosa que no había ocurrido con el judío y con el moro. Después de todo, el gitano era para este charamí (ladrón) y para el español, gitano (egipcio) simplemente. La diferencia me parece significativa.

Infestó las campañas, que aun conservaban su núcleo de trabajadores, convertido en mesonero cuyo traspatio era refugio de bandidos, donde servían de añagaza al caminante adiestradas Maritornes.

La falta de caminos seguros y de ríos navegables, mató el comercio interno, a punto que algunas provincias abandonaban sus cosechas en el rastrojo por no tener cómo transportar las, proveyéndose las otras de cereales en el exterior. El bárbaro privilegio de la mesta, que arruinaba la agricultura para hacer prosperar a los carneros, aumentó la miseria general. El campesino se volvió a su vez tramposo; la insolvencia esparció por las campañas sus negras inquietudes: leguleyos tronados cayeron a punto con su aparato de latines: el hidalguillo rural trocó la siembra por el pleito y bajó a la ciudad en busca de tribunales; el labriego, sin trabajo en las tierras abandonadas, y aplastado por servicios pesadísimos, como el de bagajería (acembla, corrupción de acémila) que prestaba al Rey y a los nobles, siguió sus huellas; produciendo esa enorme concentración urbana, que es una tendencia de raza hasta hoy, es decir aumentando la ya innúmera falange del proletariado crápula e incapaz.

Solo la nobleza, que por sus condiciones de fortuna alcanzaba a sostenerse correcta, conservó la tradición de honor, aunque exagerando, por reflejo directo el orgullo del aventurero. Su ejemplo, que pudo ser eficaz sobre el pueblo, quedó nulo, dada la distancia a que se encontraba de él, así como su efectiva impotencia de minoría. El espectáculo de su pompa, exasperaba, por otra parte, la sed de riquezas a cualquier precio, con nuevos incentivos de fraude; y como elemento de gobierno, adolecía de los defectos ya enunciados en este.

No puede negarse que fomentó, a porfía con el monarca, las artes y sobre todo las letras; pero estas, retraídas al gabinete, carecieron de influencia popular. La escolástica habíalas alcanzado también, con la sola excepción de las novelas picarescas, que heredaron en el pueblo la boga de los episodios de caballería, en combinación con los cuales darían a España la joya más bella de su literatura.

Dichas novelas, destinadas a divertir ensalzando en prototipos nacionales la trampa, el robo y la farsa, fueron la manifestación más vigorosa del ingenio español, y la más original a la vez[19], como lo prueba la influencia de que gozaron durante dos siglos sobre las literaturas europeas, así por la abundancia de sus traducciones[20], como por la afición a imitarlas. El pícaro español se volvió un tipo internacional, debiéndose su éxito, así al efecto de contraste que causaba con el paladín de las ficciones caballerescas, como a los elementos realistas que componían su carácter. Cortado en la carne viva del pueblo —paladín a su vez de la picardía y del fraude—, fue el verdadero origen de la novela de costumbres, hasta por su indiferencia perfectamente moderna ante las consecuencias morales de su actitud. En la literatura española es lo Único genuino, bien que lo escaso esté aquí compensado con exceso por lo excelente.

Las demás formas literarias, confinadas según he dicho al gabinete, fueron más bien obra de humanistas, como que su auge tuvo por preludio la adaptación de los fueros al Derecho Romano, coincidiendo con la reacción latina que recibió específicamente el nombre de gongorismo. El Renacimiento en arte, y la unidad en política, confluían al mismo cauce artificial. La teología y la jurisprudencia dominantes, influyeron mucho sobre las letras españolas. El estilo forense, antecesor inmediato del gerundiano, dejó su marca en la prosa seria, sin excluir los sermones, de corte fuertemente

---

19   No obstante, he creído encontrar en las Mil y Una Noches (noche 132. trad. de J. C Alardrus) el origen arábigo de este género; pues la Historia de los Artificios de Dalila la Bribona, me parece un dechado de cuento picaresco El libro en cuestión, ó por lo menos los cuentos que lo forman, debieron de ser populares en España, si se considera las estrechas relaciones de Córdoba con Bagdad. La pícara Dalila, resultaría, así, una abuela árabe de Justina y de Urdemalas.

20   El Lazarillo de Tormes, tronco de la lamilla, y primero entre las treinta y tres perlas que la forman, alcanzó más de 60 ediciones en diversas lenguas, desde 1554, fecha de su aparición, hasta 1700.

curial. Las parténicas del examen universitario, daban su modelo al discurso; el tono jurídico, era de rigor; las intrigas dramáticas, resultaban simples coartadas; en las más altas efusiones de la mística —otra veta casi original del genio español— hay algo de abogadil... Nada extraño en todo esto, si se considera la estrecha relación del derecho y de la teología en aquella época: el mismo diablo tenía abogado para discutir los procesos de canonización.

Las formas líricas, importadas de Italia[21], que fue el granero intelectual del Occidente cuando terminó el poder morisco —influyendo, como ya dije, hasta en la novela picaresca, la creación literaria más española—, no eran tampoco muy accesibles al pueblo. Carecían de ilación con el romance, forma popular que no progresó; y siendo productos de gabinete, cayeron a poco andar en el culto de la retórica.

Esta calamidad enfermó a toda la literatura. El retruécano se volvió la gala más delicada del estilo, influyendo hasta sobre la ideación filosófica. En las mismas efusiones religiosas se usaba de él; y nada prueba lo vacío de semejante devoción, la falsedad intrínseca de tal literatura, el frío interior de aquel pueblo al borde mismo del brasero inquisitorial, como ese estilo que impone a los verbos sublimes, contorsiones de acróbata para desahogarse con Dios[22].

No obstante, esa literatura que era al fin benéfica, y mantenía la dignidad intelectual enhiesta ante el derrumbe, pronto se ahoga bajo la profusión retórica y agostada por su aislamiento entre la ignorancia común. Al énfasis señorial de sus dramas, sucede una gárrula parla de espadachines; a sus noblezas críticas, un gramaticalismo de dómines; a su lírica un tanto endeble, míseras rimas en vocativo. Los dos escritores más notables de aquella época, dan con su caso respectivo una enseñanza más elocuente, si cabe. En efec-

---

21   Ya era una especialidad española la importación de los propios productos con marca extranjera. Efectivamente, dichas formas fueron introducidas en Italia por los trovadores, tomándolas estos de los árabes, cuyas fueron originariamente, por la influencia intermediaria del papado de Aviflón sobre España; viniendo así esta a recibir como subalterna, la preciosa herencia que no supo conservar.

22   Es curioso que en la pintura española, y sobre todo entre los iluminadores Je la Edad Media, falte casi por completo el azul, el color místico por excelencia, que da una luz de tal modo seráfica á los cuadros del beato Angélico y que había encendido con claridades empíreas las vidrieras de las catedrales del siglo xii, el más puramente místico en arte, así como las miniaturas de los libros de horas flamencos, alemanes y franceses. En la miniatura española, se advierte el predominio del púrpura, el rojo y el violeta.

to, la familia cervantina se multiplica profusa, pero en una sola dirección: el estilo del maestro. Ahora bien, el estilo es precisamente la debilidad de Cervantes, y los estragos causados por su influencia han sido graves. Pobreza de color, inseguridad de estructura, párrafos jadeantes que nunca aciertan con el final, desenvolviéndose en convólvulos interminables; repeticiones, falta de proporción, ese fue el legado de los que no viendo sino en la forma la suprema realización de la obra inmortal, se quedaron royendo la cáscara cuyas rugosidades escondían la fortaleza y el sabor.

Quevedo, en cambio, mucho más castizo, mucho más artista, verdadero dechado, fruto de meditación y flor de antología, murió sin sucesión, de pie como un monolito en la coraza de su prosa. Encogiéronse de hombros ante su profundidad tachada de «conceptismo», recogieron de su pródiga troje solo las aristas que volaba el viento, y el más noble estilista español quedó transformado en un prototipo chascarrillero.

Llegó un poco más lejos, siendo más significativa, esa esterilidad[23]. Cuando Italia florecía en artistas, al propio tiempo que los Borgias imperaban en Roma, estos, a pesar de su pródigo fausto, no tuvieron una iniciativa en pro de la belleza. Aquel siglo del Renacimiento, que en un solo año (1564) veía morir a Miguel Ángel y nacer a Shakespeare, nada tuvo que agradecer a la familia pontificia española, sucedida, para mayor contraste, por Julio II y por León X.

Otro detalle que revela el fondo artificioso de esa literatura, en toda su amplitud, es que la mujer apenas afectad la poesía. España no tiene un solo "poeta del amor"[24].

Nada, sin embargo, más propicio a la inspiración que la mujer española.

Poco interesa por de contado la alta dama, que es igual bajo todas las latitudes. Clase media y pueblo, menos nivelados por el artificio convencional, más sensibles al ambiente, más puros de raza, dan un tipo decididamente admirable.

---

23   Isidoro de Sevilla y Aurelius Prudentius el insigne zaragozano, Influyeron de tal modo en la Edad Media sobre la ciencia y la poesía respectivamente, que hasta las alegorías de la arquitectura gótica de toda la Europa central, se inspiraron en sus obras.

24   No ignoro que se me objetará con Garcilaso; pero siendo fácil demostrar su constante imitación de Petrarca, el lector deducirá lo que podía haber de genuino en su tendencia amatoria.

Férvidas morenas, que tienen, como la miel, su cualidad substantiva en su dulzura. Muelles en la pereza oriental, que están denunciando la pantorrilla baja, la lentitud cadenciosa del andar, el pie brevísimo, la mirada que anticipa en languidez tristezas de amores. Apasionada hasta la locura, su afecto era de una incorruptible fidelidad, que naturalmente se exteriorizaba en altivez. El amor accidental, la galantería, le eran casi desconocidos. La vida entera del amante le parecía poco, pero es porque ella amaba hasta la muerte. Doña Juana la Loca, es un caso de España. Su vida, consecuente con estos rasgos, se eclipsa en el hogar. Madre, impera; y esposa, reina. Pero la presión de los ce los masculinos, la eternidad de aquella renunciación del mundo, que significa el desenlace de su amor, le infunden una gravedad cuyo fondo es tristeza; y la religión agrega su elemento terrorista a esa sombra, imponiendo una actualidad de dolor en una remota esperanza de ventura. No se amengua su exaltación, sin embargo, antes crece en la melancolía. La devoción, que es su segundo amor, la apasiona igualmente. Santa Teresa ha quedado proverbial. Fuego divino y llama infernal, lo mismo la queman. Carnal o celeste, su amor vive en el arrebato. La monarquía, colaborando en esa devoción, más la había sublimado. Estaban para ejemplos las venerables doña María de Montpellier, doña Leonor, reina de Chipre, Santa Isabel de Portugal y aquella adorable monjita, la infanta de Aragón doña Dulce, que o los diez años fue religiosa. El hogar español, tan fieramente inviolable que recuerda desde luego al harem, profundiza con su aislamiento esa tendencia mística. Los hijos no podían sentarse a la mesa con sus padres, mientras 110 fuesen caballeros, y aquellos estaban autorizados por la ley (Partida 4.ª, Título XVII, Ley VIII) a comérselos en caso necesario. Tal la rigidez de ese hogar, donde el mismo sol entraba furtivo. Su situación de plaza fuerte prolongó las formas domésticas de la Edad Media. La señora fue centro de un pequeño mundo. Desde la cocina al oratorio, toda la vida, con sus pequeñas industrias, sus necesidades comunes, estuvo para ella entre esas paredes. Lo que el castillo feudad había aislado por previsión guerrera, fue conservado por los celos orientales. Pero a causa de la igualdad monogámica, resultó favorable a la dignidad de la mujer. La calle fue para ella un terreno vedado, al cual 110 se aventuraba sin su dueña y su rodrigón; la escritura un arte galeoto; su aposento remedaba una celda monjil; hombres, no veía otro que su confesor, fuera del padre y los hermanos que la trataban con rígida cortesía.

La sangre, loca de sol, exasperada como por una infusión de especias, al soplo enervante de las brisas africanas, podía con todos esos recelos; y el discreteo de las «tapadas», que tornó clásicas la comedia congénere, vengó de tantos agravios a la libertad y a la belleza. Una amable rufianería de lacayos, escurrió billetes y madrigales por las junturas de las imponentes cancelas. La Celestina se volvió un personaje clásico; el percance de los galanes sorprendidos por la ronda, o muertos en duelo anónimo al pie de cómplices rejas, fue argumento popular; pero justo es decir que semejante reacción, asaz, natural por otra parte, jamás llegó a la corrupción de las costumbres. La dama española conservó integérrima su pulcritud en el arca de su fidelidad. El asalto a los hogares demasiado herméticos, no fue precisamente una proeza casquivana, y las conquistadas doncellas amaron por lo común solo a sus dueños. La mujer de la clase media mantuvo su honestidad, y el adulterio fue casi siempre un pecado de Corte.

El pueblo no resistió tan bien a la corrupción general. El pícaro se desdobló a poco andar en la picara, sujeto específico como él. De concierto con perillanes y bandidos, esta fue activo fermento de corrupción. Mestiza de judío, de moro, de gitano, presa de la alcahuetería o de la miseria, ella había operado la fusión de las razas, al descender los de casta superior hasta sus brazos tentadores y fáciles. Su tálamo fortuito en los pesebres dé las ventas y los sotos silvestres, alzado en ocasiones hasta la alcoba real, efectuó la mezcla funesta para los elementos arios, que la guerra mantuvo libres del contacto semita. Agente de la disolución ahora, propagaba con fecundidad doblemente perniciosa las pestes del cuerpo y los males del espíritu. Pero siempre desinteresada ó instintiva, su prostitución jamás fue sórdida; su fidelidad continuó descollando característica, en los tugurios de la hampa. La altivez nativa acentuó siempre su garbo, constituyendo una especie de lustre, que resaltaba lo mismo entre blondas que entre harapos; y nadie pisó la tierra con gallardía igual, cuando bajo la escolta de su majo pálido, derramaba por los barrios bravíos aquella delicia de su carne amorosa, purpureando en sus cabellos el clavel popular, suscitando con esos ojos, que evocaban melancolías de lunas agarenas, lampos de navajas y candencias de piropos.

A ese impulso inspirador, que la verba improvisadora de los gitanos estimulaba, tuvo aquella mujer su poesía. La musa plebeya realizó en su honor, lo que no pudo el estro de los retóricos. Coplas mil nacieron, al sonar su chapín destalonado en las aceras que desdeñaba el brodequín de la duquesa; y la única poesía erótica do España, la que aun vivo con su gracia original, cuando ya nadie menciona los atildados perifollos de academia, es fruto de su cuerpo.

La tristeza morisca, bien cultivada en aquel ambiente de opresión, impregnó tanto a esa poesía como a la mujer de quien ella emanaba, siendo este otro rasgo genérico del femenino español. Los celos, más vivos también en el alma inculta, dieron a tales efusiones su elocuencia desesperada. El amante en sus coplas, si ofrece la vida, en cambio amenaza con la muerte Las melodías arábigas, cuyas quejas y suspiros cesan apenas de alternarse, para traducir en ayes los aullidos del desierto, engendraron la música popular; y esta formó, como quien dice, el comentario del despotismo, en consorcio con aquella poesía donde lloran las añoranzas y los desengaños de una raza, que en su literatura posee historias enteras «de árabes que han muerto de amor;»[25] las quimeras de este, único paraíso para el esclavo, cuyos celos lo guardan cual sanguinarios mastines; la indefinida protesta de un pueblo aherrojado en el calabozo teológico, del cual es el monarca la centinela, cuando la nacionalidad al integrarse ensanchaba sus horizontes, que aun se amplificarían con el Descubrimiento hasta la infinitud del mar, convirtiendo en amargura el hondo contraste.

Chispa y buen humor, también perecieron en el naufragio. La misma novela picaresca fue ante todo un desahogo brutal, una carcajada cínica —en la cual había más desplante de perdido que gracia verdadera— y en el fondo, en su entraña recóndita, una venganza, menos baladí de lo que parece a primera vista, contra la opresión de la conciencia.

Esta se extremaba en razón directa del absolutismo político. La misma teología, que era la filosofía de la época, experimentó una reacción mística. Declinó la vasta influencia interna e internacional de Vives y de Osorio, con su imperturbable serenidad y sus agilidades polémicas, respectivamente, sustituyéndosele la exaltación de Fr. Luis de Granada. Papistas antes que cristianos, lo que perdieron los místicos en latitud, ganáronlo en profundidad. Cierto es también que llegaban duros tiempos.

La inquietud político-filosófica que llenó el siglo xv, tuvo en la Península poderosa repercusión, no solo popular, sino de cátedra, bastando para prueba la actitud del profesor salmantino Pedro de Osma, reputado por el

---

25   No conozco el libro; pero Stendhal lo cita en alguno de sus estudios sobre el amor, y Stendhal es de los autores a quienes puede creérseles bajo palabra.

hombre más sabio de su tiempo, y condenado en el concilio de Alcalá; del propio modo que el decisivo apoyo, prestado por Alonso V de Aragón al cisma de Basilea.

Depravaciones y simonías del clero, contribuían a inquietar más los ánimos, y así las cosas, la Reforma había penetrado, por el contacto comercial con los países herejes, no obstante el genio avizor de Carlos V. Libros prohibídos, de origen alemán y genovés, circulaban con relativa prolusión, clandestinamente reimpresos algunos en la misma Castilla. La unión con Inglaterra, estrecha entonces, por la doble relación del comercio y de la alianza inalterable —que subsistió desde el primero de los Plantagenet y Alfonso VII de Castilla, hasta María Estuardo y Felipe II— fomentaba la propaganda herética. Así este monarca, una vez concluidas sus guerras en Italia y Francia, consagrose entusiastamente a la represión de la herejía, empezando su campaña en 1558.

El espíritu (le la Edad Media, volvió a dominar imperioso. Durante ella, y bajo la influencia exclusiva de la Iglesia, había reinado la in movilidad. A condición de no cambiar nada, se podía discutir todo, siendo un error creer que no existía la libertad de discusión. Era, sin embargo, una libertad puramente dialéctica, puesto que demandaba, ante todo, la conformidad con lo establecido. De aquí que hereje, quiera decir estrictamente «disconforme». Tener opinión propia era el verdadero delito.

De esta inmovilidad fundamental, que limitaba las operaciones filosóficas a sacar consecuencias de los principios invariables, nació el predominio del silogismo. Ciencia y religión eran la misma cosa a este respecto, pues la Biblia y Aristóteles se conciliaban en el mismo concepto de autoridad. Corporal y espiritualmente, la unidad era el objetivo. Así, la única oposición provino de que tanto el papa como el emperador, se atribuyeron la representación de esa unidad, discutiendo sus parciales una mera cuestión de investidura. En España había vencido el emperador.

El protestantismo rompió este molde, con la agitación que causara. Ello fue involuntario sin duda, pues la Reforma, «querella de frailes», en efecto, al comenzar, quería la misma cosa, desde que discutía todo, menos la Biblia; pero a fuer de revolución, sobrepasó su objetivo, beneficiando su éxito al mundo.

La monarquía absoluta, cuyos privilegios hería de muerte aquella conmoción, reaccionó potente; y su triunfo en la Península quitó a esta la última esperanza de abandonar la Edad Media en que permanecía. Bajo Felipe II, las Cortes de Tarazona prohibieron como un delito que se gritara Viva la Libertad.

Así como el Nuevo Mundo le quitó lo mejor de su raza, Inglaterra aprovechó sus talentos más libres, aunque no quizá los mejores; pero la cuestión no era de calidad individual, sino de ideas generales.

Desde 1559 comenzaron a llegar a aquel país los reformadores españoles perseguidos por la Inquisición. El sectarismo y la rivalidad política, que se pronunciaba cada vez más en ofensas, los acogían con predilección singular, reconociendo sus méritos basta el punto de darles a desempeñar cátedras en la misma Oxford.

Arias Montano y Pérez de Pineda merecieron la admiración británica: Del Corro y Valora imprimieron sus obras en Inglaterra: y los españoles residentes allá, casi todos comerciantes, vale decir más accesibles al espíritu moderno, adoptaron la Reforma.

De tal modo España, al repudiar las tres manifestaciones correlativas de la civilización moderna que comenzaba: el comercio, y en consecuencia la colonización; la Reforma, fuente directa del racionalismo, y el concepto civil de la autoridad, base de las instituciones democráticas, abjuró de hecho el progreso.

El atraso intelectual, sobreviniente a la expulsión morisca, quitó a sus universidades la clientela inglesa, contribuyendo esto, tanto como la religión, es decir, en parte principal, a la pérdida de aquella alianza británica, cuya ruptura empieza la era de las grandes desgracias peninsulares. Las ciencias naturales acabaron del todo, y la medicina, que fue su resto, dio a poco andar en el más ridículo empirismo. La escuela griega se sobrepuso a la arábiga, dominando el campo desde los comienzos del siglo xvi, y ya España no fue su sede. La medicina española estaba reducida a los traditos de Monardes, cuyos solos títulos bastan para denunciar su carácter: Tratado de la piedra bezoar y de la hierba escorzonera; Tratado de la nieve y del beber frío, etc. En la Academia de Medicina de Granada servía de texto la disparatada Medicina española contenida en proverbios vulgares de nuestra lengua, por el doctor Juan Soropán de Rieros. La misma Salamanca carecía de una cátedra de matemáticas. En Alcalá no se enseñaba derecho patrio. Servían de fundamento histórico, apocrifidades tan burdas como la Crónica de Ávila, cuya primera parte establecía «cuál de los 43 Hércules fue el mayor, y cómo siendo rey de España tuvo amores con una africana en quien tuvo un hijo que fundó a Ávila». Desapareció toda idea de ciencia práctica, y la alquimia, que había producido siglos atrás sabias tan nobles como Raimundo Lulio, apagó su horno científico ante el quemadero inquisitorial.

Aquel desierto de ideas absorbió en su esterilidad la vida entera del país, cuya decadencia irremediable, a pesar de su bravura y de su genio, demostró que el progreso de las naciones no está en la raza, ni en la riqueza del suelo, sino en las ideas, cuyo es el espíritu animador[26].

Quedaron solo en pie, cada vez más enormes, cada vez más opresores, la Iglesia con su lúgubre maquinaria de tormento y su teología, y el insaciable Fisco, del cual eran danaides alcabalas y gabelas.

Una rapacidad sin ejemplo acosó al trabajo nacional. El hambre fue desde entonces «el diablo de España». Los mendigos se instituyeron en corporaciones que explotaban las ciudades por barrios, como los ladrones, con quienes tenían más de un parecido en lo desalmados y bellacos. Hasta la Naturaleza parecía complicarse en sus farsas, pues la hierba de los pordioseros (clematis vitalba L.) con que producían sus llagas artificiales, ha abundado siempre en España de una manera prodigiosa...

La caridad pública los fomentaba, sin embargo, a título de intermediarios con la divinidad; y el clero, improductivo como ellos, y como ellos mendicante de profesión, agravaba el daño con preconizarlo. Nada pudieron contra su difusión las disposiciones reales; la religión los amparaba, y exagerando los principios de caridad evangélica con sectario fervor, dio en el panegírico de la miseria.

Añadíase a este otro azote de la misma procedencia. La vagancia, que reclutaba sus hordas en el bajo fondo social, donde la ilegitimidad creciente de los nacimientos aumentó, a la vez que los infanticidios[27], los abandonos en cantidad prodigiosa. Esto último llegó a constituir un peligro social tan

---

26   Montesquieu atribuye "a las especulaciones de los escolásticos todas las desgracias que han acompañado la destrucción del comercio".

27   Otra plaga social característica de la Edad Media. Roma llegó en tiempo de Inocencio III a infestarse con el hedor de los cadáveres de los párvulos arrojados al Tiber.

grande, que las Cortes de 1553 solicitaron la creación de funcionarios especiales, cuya misión fuera amparar y proporcionar trabajo a los niños abandonados; pues los bribones viejos formaban con ellos cuadrillas de bandoleros que asolaban arrabales y campañas.

La rapiña tomaba todos los caracteres de una industria regular. Un libro contemporáneo, La desordenada codicia de los bienes ajenos, enumera, imitando a los Líber vagatorum de la Alemania medieval, las más selectas clases de ladrones. En realidad pasaban de treinta, pero no clasifica sino las siguientes, que transcribiré a titulo de curiosidad:

Eran ellos los salteadores, estafadores, capeadores, es decir, especialistas en capas; grumetes, porque robaban con escalas de cuerda; apóstoles, porque a semejanza de San Pedro, cargaban llaves; cigarreros, o cortadores de vestidos; devotos, porque operaban en los templos; sátiros, o ladrones campestres; dacianos, o compra-chicos; mayordomos o ladrones de posadas; cortabolsas, duendes, maletas y liberales.

Admirablemente organizados, con sus señas y palabras de pase, tenían ramificaciones en todas las capas sociales. Monjes, estudiantes, mozos de cordel, lindas damiselas, venteros, señoronas beatas, ancianos venerables, cooperaban como espías: siendo la estafa una especialidad, que dio nombre en todas las lenguas al famoso «cuento del tío o.

Las zonas de explotación en los ceñiros urbanos, estaban tan bien delimitadas, lo propio que las distintas especialidades, que ningún bribón podía casarse sino en las suyas, so pena de multa a titulo de dispensa. Y tal era su poder, que bandas de mendigos gitanos, los más peligrosos de todos, habían llegado a asaltar la ciudad de Logroño, para pillarla, mientras sus habitantes estaban atacados por la peste.

Todo revelaba, pues, una sociedad en descomposición, cuyo ideal terreno era vivir sin trabajar, aun a costa de la miseria. El mismo de la Edad Media, sin el fervor religioso que lo explicaba y engrandecía.

La anexión de Portugal acabó de realizar en la Península el ensueño absolutista, contribuyendo más, si cabe, a aumentar el maleficio con su gloria fugaz, Pero la situación se volvía cada vez más alarmante en el exterior. Ya hemos visto cómo se perdió la amistad de Inglaterra, natural aliada y tributaria comercial e industrial[28]. La unión, cimentada sobre dos matrimonios

---

28   En otra nota mencioné las hazañas españolas del Príncipe Negro. Ricardo

célebres[29], había sido cultivada con toda clase de sacrificios, por la astuta política de Fernando y el genio del Emperador. El sueño de la unidad absoluta derribó aquel monumento. Quísose imponer a la fuerza la neutralidad británica en la cuestión de los Países Bajos, y el resultado fue perder esa y estos.

Fracasó igualmente la acción sobre Francia, rompiéndose otra antigua y fecunda unión. En efecto, desde fines del siglo xi y principios del xii, esta se sostenía por la doble influencia política y religiosa. Los magnates más considerados en la corte de Alonso VI de Castilla, fueron borgoñones; las tres mujeres con que dicho monarca contrajo matrimonios, fueron francesas, y contó además por yernos a dos señores de Borgoña[30]. Un arzobispo de Toledo, y tal cual obispo de Sigüenza, de Salamanca, Zamora[31] y Osma, procedieron también de Francia. Los Papas de Aviñón, estuvieron en intimas relaciones con España, de tal modo, que tres sobrinos de Clemente Y tuvieron las catedrales de Zaragoza y de Tarazona, y el deanato de Tudela. Eli rito mozárabe fue sustituido por la liturgia de los cistercienses, orden enteramente francesa, como es sabido; y dichos frailes llegaron a poseer fuero propio, con derecho a justicia de Dios en el monasterio de San Facundo. Don Jerónimo, monje cluniacense, es decir francés por su orden, tanto como lo era por su nacimiento, fue capellán del mismo Cid, y profesor de aquella elegante y liviana doña Urraca, que tantos dolores conyugales de-

---

Corazón de León, había ayudado brillantemente en la defensa de Santarrem contra los moros, y lord Rivers, con 300 hombres, asistió a la toma de Granada. Millares de peregrinos ingleses visitaban anualmente el santuario de Santiago en Compostela, y tan Intima era la unión religiosa, que en 1517 se construyó una iglesia británica en terreno donado por el duque de Medina Sidonia.

29   Dos Leonores fueron las esposas en este par de matrimonios. La mujer de Alfonso VII de Castilla, hija del primer Plantagenet, y Leonor de Castilla, consorte de Eduardo I. Anteriormente, una hija de Guillermo el Conquistador habla estado desposada con el rey de Galicia, bien que el matrimonio no llegara a consumarse por muerte de la Princesa. Recuérdese, por otra parte, el romance X del Cid:
De paño de Londres fino
era el vestido bordado...

30   Las tres vidrieras del segundo arco superior a la izquierda del coro en la catedral de Chartres, fueron donadas por San Fernando de Castilla cuya estatua ecuestre se ve aún en la rosa del mismo punto, y es lo único que resta de la donación, pues aquellas fueron retiradas en 1788.

31   Uno de los primeros ensayos de la Imprenta en Francia, fue el Speculum vita humana, dedicado en 1470 a Luis XI por los impresores en señal de gratitud, y cuyo autor fue Rodrigo, obispo de Zamora.

bía causar a la honestidad aragonesa de Alfonso el Batallador. La célebre Unión de los nobles aragoneses, había estado entendida con el primero de los Valois, para el mejor éxito de su rebelión foral...[32]

Todo esto se perdió en la aventura, al paso que aumentaban los éxitos de la piratería turca. España quedó entonces aislada por el Pirineo y el Océano. Francia, con Enrique IV y Luis XIV, reduciría el Austria colosal de Carlos V a las dos primeras vocales de su divisa: A.E. I. O.U. (Austria[33] Est Imperare Orbi Universo); Inglaterra cerrábale el acceso al Occidente y a los puertos europeos; Holanda, al libertarse, había prohibido el tráfico con ella; estaba aliada de hecho con los ingleses, desde que en 1598 el embajador británico en París, había apoyado a los suyos en sus gestiones para obtener la neutralidad de Enrique IV, datando además casi desde entonces su rivalidad en el comercio de las especias; y no es acaso impertinente recordar, que el fracaso de la Grande Armada coincidió con la libertad de los mares, preconizada por Grocio en su memorable Mare Liberum, contra el mare clausum (para hablar con una frase de la época, que fue el título de la más célebre, refutación al insigne holandés)[34] el mar cerrado de la conquista peninsular[35].

La formidable tetrarquía, que formada pollas casas de Castilla y Aragón, de Valois, de Tudor y de Habsburgo, había dominado de concierto a la Europa del siglo xv, se desvinculó enteramente en perjuicio de España. Lograse, con igual efecto, la segunda renovación germánica,, y aquella grandeza cuyo remonte tuvo sanción en el Tratado de Blois, entraba al ocaso con el de Chateau Cambresis.

---

32   Un francés, Almeri Picaud, había escrito en el siglo XII, la obra quiza más completa que exista sobre San Santiago, pues hasta contiene en uno de sus libros el IV—los Itinerarios para la «peregrinación a Compostela. Esta obra fue atribuida durante mucho tiempo al papa Calisto II, hasta que Delisle y Le Clerc en Francia y el P. Fita en España, desvanecieron el error.

33   Con un ligero error, que el lector salvará fácilmente, pues de otro modo la síncopa carecería de sentido.

34   Este fue en efecto el titulo de la obra de John Selden, que refutó a Grocio 37 años después, y es el trabajo más conocido en su género, aunque no el primero ni el único. En efecto, Welwood había hecho ya lo propio con su An abridgement of all Sea-Lawes, en 1613; siguiéndole en 1625 el P. Freitas, con su De Justo Impelió Lusitanorum Asiático». La obra de Selden apareció en 1636.

35   No eran los españoles los únicos en esto. Inglaterra, Venecia, Génova, tenían por de su dominio exclusivo el Mar del Norte, el Adriático y el golfo llamado entonces de Liguria; pero el libro de Grocio era sobre todo contra España, que hizo cuanto pudo para cerrar el Mar de las Indias a los holandeses.

Por el lado económico, por el espiritual mismo, también se diseñaba el fracaso. La banca florentina, que venía dominando desde dos siglos atrás los cambios de Europa, estableció sucursales en los primeros centros, ampliando su acción con menguadle España, no obstante la dependencia nominal en que la República se hallaba respecto a esta, por fuerza, no por afecto[36], y la misma Roma volviole las espaldas con Sixto V, negando al Imperio Cristiano la colaboración espiritual que era su fuerza y su pretexto.

Tantos desastres, en lapso tan breve, acarrearon el desencanto de las glorias patrias y el pesimismo sobre el porvenir. El pícaro, que por su carácter de correvedile popular, estaba en todos los secretos del alma española, no tenía empacho en disertar sobre «las vanidades de la honra». Va ni tas vanitatum, que no aproxima sino en apariencia a Guzmán de Alfarache y al Salmista, pues para el uno es consecuencia de ese alto desdén que inspira la vida, a quienes saben dominarla desde las alturas de su virtud o de su genio, mientras daba razón al otro para justificar sus pillerías.

La marcha triunfal de los descubrimientos se suspendía también. El lector recordará la cantidad superior de descubridores españoles, desde 1492 hasta 1610, año en que los jesuitas se establecieron en el Paraguay. Desde ese hasta 1700, y guardando las mismas proporciones de la nota citada, el resultado no es menos elocuente, al invertirse los términos; pues para 87 capitanes extranjeros, entre los que predominan ahora los holandeses, no encontramos sino 5 españoles. ¡El mismo número de ingleses que en los primeros 90 años del descubrimiento![37]

Al par se agravaba la carestía. Los altos precios de la época de abundancia, sosteníanse con mayor razón en la general lacería. Los impuestos aumentaban, en proporción con el descrédito y la improductividad, a pesar de lo cual el Estado precipitábase cada vez más en la insolvencia. En 1574 se debía 37.000.000 emprestados[38] al 32 %, y la Corona repudió esta deu-

---

36   En el siglo xviii, Holanda reglaba el cambio en Europa; su florín daba el tipo monetario de las cotizaciones.

37   La coincidencia es curiosa por su perfecta exactitud. No hay, en efecto desde 1492 a 1582, más que 5 grandes navegantes ingleses que surquen el Océano: Rut en 1527; Wílloughbj en 1503; Frobisher en 1577; Drake en 1577-80, y Gilbert en 1578-83: lo cual hace 90 años cabales.

38   Aunque la Academia da por anticuada esta forma verbal la uso como función del sustantivo empréstito, que no la tiene ahora, pues "prestar" significa precisamente lo contrario.

da alegando que los prestamistas habían procedido «contra la caridad y la ley de Dios.» Acababa, sin embargo, de confiscar en su provecho, por cinco años, todo el oro de las Indias; y esa verdadera trampa, realzada todavía por esta extorsión, es la mejor prueba de la inmoralidad común. El gobierno no temía el escándalo, a causa de que el pueblo se dejaba llevar por análogas corrientes, demostrándolo así la escasa resonancia de la iniquidad. La voracidad fiscal, correspondía al providencialismo de Estado, que constituía el modus vivendi predilecto del pueblo; y esto consumó la hostilidad contra todo individualismo, cimentando a la monarquía en el concepto de un Estado omnipotente.

Carlos había sido el tirano paladín; Felipe fue el tirano burócrata. Lo único que le sobrevivió, es decir su obra más perfecta, fue la administración, instrumento ingenioso de tortura económica en el cual colaboró la Inquisición misma, no obstante lo diverso de su destino.

Fundada en efecto para defender la unidad política, bajo la monarquía que reemplazó al feudalismo, e incorporada al pueblo con este fin por medio del prestigio religioso, su sistema resultó de gran eficacia para la unidad, y Felipe calcó sobre ella su régimen administrativo. Este doble carácter religioso y fiscal, le dio una importancia inmensa, robusteciendo sus vínculos, es decir garantiendo su permanencia como institución normal. Su obra, entonces, resultó más funesta. Las ejecuciones en masa, que las damas iban a ver, coqueteando con sus abanicos cuando llegaba hasta ellas el humo del quemadero, o tomando sorbetes, acostumbraron a la crueldad, acentuando hasta lo siniestro ese rasgo del tipo conquistador. Los sayones del duque de Alba, ajustaban un pito a la lengua de los herejes flamencos, para que sus gemidos en la tortura salieran agradablemente modulados...

De este modo la unidad absoluta, al evolucionar con los tiempos, dominando las diversas tendencias, desde la militar a la religiosa en el individuo y desde la gloriosa a la económica en el gobierno, deformó enteramente el carácter nacional, infestado en todas sus partes a virtud de las citadas trasposiciones; y así fue cómo Felipe, al dividirse la herencia del Emperador, imposibilitando el sueño universal de la monarquía, soñó el Imperio Cristiano como una oportuna compensación.

Las insurrecciones torales, habían mostrado con harta elocuencia la estructura intrínsecamente federal del país; vencidas, impusieron transacciones que contrariaban la soñada unidad. El gobierno carecía realmente de fuerza militar y económica para imponerla; los intereses eran distintos y aun adversos en las diferentes regiones; la raza y ei idioma se encontraban en el mismo caso. Nada común tenían fuera de la religión, y a ella decidió apelar el monarca para realizar sus designios. La Inquisición llegaría con esto al máximum de poderío como instrumento fiscal.

Pero el sueño universalista no residió inútilmente en la cabeza del siniestro Ilabsburgo, de tal modo que su propósito tuvo por complemento la unificación «cristiana» de la Italia, la Francia y el Portugal.

Era un pensamiento político grandioso, pero anacrónico, y así no ocasionó consecuencias sino en el orden interno y bajo la faz religiosa, por ser la religión su inspiradora.

La conquista espiritual fue su producto, al haberse vuelto imposible la conquista política hacia la cual se marchaba secundariamente, y el gobierno adoptó en definitiva su ideal teocrático.

Semejante final se preparaba desde muy antiguo, pues ya Alfonso el Batallador había fundado en su época más de quinientas iglesias y dotado más de mil monasterios, acabando por heredar con su propio reino a las órdenes militares de la Tierra Santa. Era, pues, una tradición de la monarquía.

Cerca de diez mil casas religiosas, poblaron la Península[39]; el clero, instrumento precioso de la empresa, duplicó su poderío, que no hacía, después de todo, sino realzar el mal ejemplo de la improductividad; y como la conquista religiosa derivaba tan directamente de la guerrera, militar fue el espíritu dé la orden que encarnó aquel ideal.

La Compañía de Jesús fue creada con el objeto ostensible de combatir al protestantismo— y hasta puede creerse que su fundador no tuvo otro; pero las instituciones populares, son siempre una copia reducida del medio donde nacen, dependiendo su éxito de su conformidad con las tendencias predominantes en él. El rápido incremento do la Compañía, demuestra entonces cuánta era esta conformidad.

San Ignacio que había sido militar, y hasta militar exageradísimo, por la natural expansión de su rica naturaleza, refundió en su creación la tendencia

---

39   Esto fue en progreso creciente; pues Campomanes estimaba los religiosos de ambos sexos de su tiempo, en 200.000 individuos. Ciento treinta años antes, añade, es decir en 1622, pues se refiere a 1752, ascendían a solo 60.000.

agonizante con la que venía a reemplazarla, en procura del mismo ideal dominador, pero adaptándose, en su carácter religioso, a los nuevos tiempos.

El remonte místico fue la postrer llamarada de un foco que se extinguía, pues a posar de todo, el racionalismo de origen protestante, operaba de consuno con las necesidades de la naciente civilización. Predominó en la orden el carácter político, dentro de la organización militar (la «Compañía» y la «milicia de Jesús» son sus denominaciones corrientes); y al revés de las comunidades contemplativas, no rehuyó el contacto del mundo al tomar este sus nuevas direcciones. La evolución conjunta del derecho y de la teología hacía el solo respeto de las formas, convirtiose en realidad. El posibilismo se substituyó a la intransigencia, vale decir la razón al sentimiento, pues según queda expresado, el ambiente racionalista se insinuaba también en la Iglesia, modificando su modus operandi; y esta, en la persona de los jesuitas, se plegó a sus exigencias, conservando en su estructura externa aquella tradicional rigidez que tan bien simulaba la infalibilidad, base de su prestigio, pero en cuyo fondo estaba el escepticismo utilitario, que con tal de llegar a su fin no repara mucho en los medios.

Este modo de ver las cosas no fue, como el fanatismo anticlerical ha pretendido, una especialidad jesuítica. Su esencia está en la misma forma de la civilización comercial que empezaba, iniciando a la vez nuevos conceptos morales. Es que la respetabilidad, o sea la conformidad puramente externa con los principios establecidos, reemplazaba, como norma de adaptación social, a la devoción del período místico, señalando nuevas posiciones a la conciencia humana, y haciendo posible entre otras cosas la libertad del pensamiento, o produciendo, en términos más generales, un individualismo más radical. San Ignacio y Maquiavelo fueron contemporáneos.

La época se presentaba propicia para la evolución que señalo, pues las ideas modernas, que eran la degeneración progresiva de sus precedentes, no habían llegado a distanciarse de estas tanto como para entrar en oposición, constituyendo otra circunstancia favorable lo poco definidas que estaban aún sus correlaciones. Nadie podía sospechar entonces, que el racionalismo y la libertad comercial, traían consigo las instituciones representativas; pues siendo el gobierno lo último que cambia, según advertí al comentar su verbo específico, las monarquías continuaron en floreciente situación.[40]

---

40   En el acta de independencia de Holanda, los Estados Generales habían puesto, sin embargo, la significativa declaración de que «los pueblos no estaban

Intencionadamente o no, los jesuitas se adaptaron al nuevo molde, y esto explica su éxito sorprendente. Pusiéronse de acuerdo con los tiempos, representando dentro de la Iglesia una tendencia moderna, aunque por fuera parezcan los más intransigentes, y sean los campeones de dogmas como el de la Inmaculada Concepción y el de la Infalibilidad; pues nadie exagera más su convicción, que quien necesita estimularla artificialmente.

Distintos de todos, prosperaron sobre el resto de sus contemporáneos, como lo prueban claramente las órdenes de Teatinos, Padres del Oratorio y Agustinos de Somasca o clérigos de San Mayol, fundadas casi al mismo tiempo con éxito tan diverso. De tal modo, la actuación del jesuita no le da sino un vago parecido con los otros sacerdotes. Su misma piedad es distinta. Al exaltado fervor de la mística, San Ignacio lo reemplaza con el procedimiento de sus Ejercicios, verdadero tratado de psicología en que el examen, del cual no podía prescindirse ya ni en las conversiones, suplo al éxtasis inspirador. Basta comparar la tristeza contemplativa que llena las meditaciones de la Imitación, con el sagaz análisis del libro jesuítico. Comprendiendo que los tiempos de entusiasmo habían pasado, se sustituyó a la contrición, es decir al dolor de haber pecado, por la atrición, ó sea el temor del Infierno; de modo que el criterio utilitario primaba aun en las reglas de la conciencia.

La moral acomodaticia y la piedad afable, compusieron aquella política espiritual, como si el Renacimiento que helenizaba a la Europa, hubiera impuesto también a la religión un cariz de benevolencia griega.

Sixto V había preferido aliarse con Enrique de Navarra, Guillermo de Orange e Isabel de Inglaterra, es decir los representantes coronados de la herejía, contra la católica España, para evitar su engrandecimiento perturbador; poniendo así los intereses temporales de la soberanía pontificia, por sobre el proyecto de expansión católica que el lúgubre Felipe se proponía ejecutar.

Cada vez más alejados del Calvario, cuyo recuerdo inflamaba el heroísmo y suscitaba las meditaciones más dolorosas de la mística, los devotos sentían disminuir con su exaltación su intolerancia. Los jesuitas surgieron en ese momento; y la influencia moderna, sufrida sin advertirla, está demostrada por su posibilismo, que los acerca en política al concepto científica de la adaptación, y su psicología práctica —diríase mejor experimental—

hechos para los príncipes, sino los príncipes para los pueblos.»

que les da un punto de contacto con el racionalismo. En ellos- concluyó la devoción sentimental; la tristeza dejó de ser el estado preciso para entrar en las vías de perfección. La «iluminativa» y la «unitiva», que llevan a la santidad por la contemplación y el éxtasis, fueron cerrándose cada vez más; y la misma «purgativa», es decir penitenciaria exclusivamente, necesitó que toda la habilidad de los casuistas la allanara y redujera con mil arbitrios de transacción. Las reservas mentales constituyeron los resortes- de aquella «teología moral», abriendo en el catálogo de los pecados ancha margen a la explicación acomodaticia. El jesuita Sánchez descolló entre esos, hasta volverse dechado, y sus- célebres «disputas» sobre ei matrimonio, constituyen el más ingenioso dispensario de alcoba que se pueda concebir, si no son sencillamente un caso de erotomanía, en el que influyó tal vez su virginidad, que Renaud y Sotuel atestiguan con elogio.

Jamás le condenaron, sin embargo, antes le alabaron por eso; y entre sus panegiristas, que fuera de los citados los tuvo tan buenos como Rivadeneyra y el mismo Clemente VIII, hubo alguno (Cambrecio) que llegó a calificar de feliz milagro su entrada en la Compañía: prueba de que su doctrina interpretó admirablemente la moral de la comunidad.

Aquel predominio de la razón y del examen sobre el sentimiento, se manifestó en todos los órdenes de la vida jesuítica; y, circunstancia que lo hace aún más notable: mientras las demás órdenes abundan en poetas, en esta hay, sobre todo, hombres de ciencia[41]. El arte le interesa poco, a no ser como un atractivo sensual. De aquí la cargazón decorativa tan peculiar al templo jesuítico. Dorados y colores charros, retablos churriguerescos, esplendor chillón en que lo llamativo predomina sobre lo estético, son, por decirlo así, los marbetes de la mercancía mística, resaltando su carácter comercial en razón directa de su exceso. Aquello nada tiene que ver con el arte, siendo su objeto el pregón, y estando destinado, entonces, a hacerse notar sobremanera.

Mientras el éxtasis y el fervor dieron auge al sentimiento en las manifestaciones religiosas, el arte, que es siempre una expresión de amor, se manifestó en actos de fe, La obra artística vino a ser una plegaria a la divinidad, ora directamente en la poesía mística, ora bajo formas simbólicas en

---

41   Alguna vez he mencionado las correcciones hechas al Breviario, en 1631, por los jesuitas Galucci, Strada y Petrucci, de orden de Urbano VIH. Llegaron a 900, y suprimieron cuanto en la poesía mística de los primeros siglos fue audacia de expresión, neologismo, forma nueva: todo quedó nivelado al cartabón pedante del humanismo.

las demás artes, resultando do esto su carácter desinteresado y por lo tanto anónimo casi siempre.

El soplo racionalista agostó aquellos verjeles de la oración, y el abuso retórico que ya hice notar en la poesía profana del pueblo español, se advierte igualmente en su arte místico. Casi era innecesario anotarlo, pues se trata, al fin, de la misma cosa, tanto más si se considera que en aquellos tiempos, el arte se hallaba menos distante de la religión, pero esto viene para que se vea mejor la razón de su decadencia en poder de los jesuitas.

Nada más distante de mi espíritu que un reproche por esta causa, pues ellos no hacían otra cosa que adaptarse para vivir, perdiendo y ganando en el suceso todo cuanto este traía aparejado de pro y de contra.

La reacción mística que los suprimió, ejecutada por Clemente XIV, franciscano, es decir miembro de una orden, que, al ser la más fervorosa y artista, resultaba naturalmente rival,[42] demostró con su fracaso cuál poseía mejores condiciones de vitalidad, es decir de adaptación al medio ya hostil en que ambas se desarrollaban; prueba concluyente, a mi ver, en favor de la Compañía.

El jacobinismo ha odiado a los jesuitas, porque ha visto en ellos a los más vigorosos paladines del ideal católico, sin comprender la razón do su fuerza; pero el espíritu imparcial, para quien lo único interesante es el progreso de las ideas, en el fondo y no en la forma, no puede menos de considerarlos como los representantes de ese adelanto en el seno de la Iglesia. Ello es naturalmente relativo, y está lejos de merecer elogio para los causantes, pues nadie ignora que se efectúa a su pesar; mas esto mismo demuestra con mayor evidencia la superioridad de las ideas modernas, a las cuales debieron tomar lo que tienen de más fecundo y humano sus adversarios mismos para poder subsistir.

Resulta así el jesuita un tipo moderno, más lógico en nuestro estado que el monje de tradición medieval; un hombre de acción sobre todo, para quien parece haberse hecho aquello de rogar y dar con el mazo.

Intransigente en el dogma, por la razón de perennidad antes enunciada, pero flexible en la conducta; adaptable, porque es utilitario y solo le inte-

---

42   Véase en al capítulo V la participación Je los franciscanos en la revolución Comunera. La análoga de Aragón, que tuvo por victima expiatoria a Lanuda, parece que no les fue tampoco antipática, según era lógico, dado el carácter popular de la Orden. Fueron sus miembros quienes dieron sepultura a los restos del desgraciada Justicia.

resa la consecución de su propósito; hábil, antes que inspirado, y observador, antes que fervoroso; ahorrando cuanto puede de contemplación divina, para aplicarse de preferencia a la acción en la lucha humana; abandonando la tristeza, tan característica de la Edad Media, para entregarse a la ciencia que crea el bienestar, reaccionando sobre el odio al rico, que es la base del cristianismo puro, porque la filosofía, predominante en él sobre la mística, le ha enseñado que es mucho más humano y eficaz acoger a todos sin distinciones en la misma esperanza de salvación, y porque, siendo la riqueza el ideal social en boga, no es posible ir contra este sin renunciar a la victoria; amable con la mujer, a quien no detesta como a instrumento de pecado, según la teología medieval, sino que la aprovecha como precioso elemento de dominación; suave con el poder temporal, a cuyo creciente poderío cede; deferente con las aspiraciones populares, que sintetizadas en la instrucción barata o gratuita, él cultiva hoy para dirigirlas mañana, convirtiéndose, al efecto, en profesor; fiando por último poco o nada en el milagro, y todo en el esfuerzo inteligente, en la perseverancia, en la habilidad, nada puede objetársele por el lado de la lógica humana. Sus dos obras maestras —los «Ejercicios» y la «Mónita»— son una cartilla política y un tratado de psicología experimental.

Su deficiencia filosófica estaba en el ideal teocrático, al que se dirigía por otros caminos, pero sin modificarlo un ápice-, su falla moral y su inferioridad social, consecutivas del defecto anterior, consistieron en la astucia con que se apoderó de los espíritus por cualquier medio, para hacerlos servir a su fin, y en el carácter conquistador, común a todas las instituciones españolas, que su orden revistió. Fue el rasgo nacional de esta, por más que en su aparición y desarrollo influyeran, como ha podido verlo el lector, los factores enunciados.

Del propio modo que el rezago de aventureros medievales, encontró en España su ambiente natural, acarreándole como en tributo la más tremenda soldadesca de la Europa, los aventureros religiosos, que eran una variante del mismo tipo; engrosaron a porfía las falanges de la nueva institución, cuyo carácter prometía la permanencia del antiguo ideal en las nuevas formas a las cuales se adaptaba. El conquistador religioso reemplazó al militar tan fielmente, que hasta fueron suyos los nuevos descubrimientos en las tierras por cuyos ámbitos lo esparcía su celo; y como por su carácter unía el espíritu militar al prestigio religioso, en el cual residía el éxito del Imperio Cristiano, que fue desde entonces el ideal supremo de la monarquía española, esta lo hizo su predilecto. Como teocracia, encontraba en él su elemento de acción por excelencia.

En la bula Unani Sanctam, que para los absolutistas era naturalmente dogmática, Bonifacio VIII había sostenido que las dos espadas, la temporal y la espiritual, pertenecían a la Iglesia: una en poder del Papa, y la otra en el del soldado, pero sujeto este al sacerdote: in manu militis, verum ad nutum sacerdotis. Y los jesuitas alimentaban este ideal.

Luego, el desencanto producido por la decadencia de la gloria patria, y por la corrupción que asumía tan repugnantes formas, llevó a la corriente religiosa los mejores espíritus, aumentando, si aún lo necesitaba, el lustre de la nueva institución, con cuyo predominio aseguraba la Península su permanencia en la Edad Media.

Esta había concluido de hecho con el último desafío foral, que Carlos V presidiera en Valladolid; pero su espíritu seguiría incólume hasta hoy en el pueblo. El contacto íntimo de la nación con el soberano, al extinguirse el poder feudal, dando por fruto una exageración de militarismo, estableció las relaciones entre súbdito y monarca, sobre la base de una patriótica fidelidad. La monarquía hizo de esto su fuerza, erigiendo a la lealtad en virtud suprema y cultivándola profundamente, puesto que a su sombra se perpetuaba el privilegio, y las instituciones asumían, sin esperanza de cambio, la absoluta y anhelada inmovilidad.

La religión, única influencia íntima en el alma popular, fomentó aquella virtud, bajo la forma de respeto místico que la acercaba al culto, inmóvil también en su afirmación de eternidad; y esto sucedía precisamente cuando el mundo entero empezaba la evolución industrial, que había de producir la democracia en política y el positivismo en filosofía, formas flexibles por excelencia, es decir de adaptación constante a sus medios.

El ideal español procedía a la inversa, pues residiendo para él en la religión y en la monarquía la perfección absoluta, que les aseguraba por de contado la eternidad, era el medio lo que debía adaptarse a ellas. La existencia de aquel pueblo quedó establecida sobre esa transgresión de una ley natural, y todo su esfuerzo había de consagrarse en lo sucesivo a mantener semejante situación.

Nada lo acobardaría, ni siquiera el espectáculo de ese derrumbe vertiginoso, que un siglo después del gigantesco Carlos V, iba a desenlazarse, conservando el estigma atávico, en la elegante degeneración de Felipe IV —aquel dandy de la catástrofe, que veía arruinarse su imperio entre comedias, amores de bambalinas y disputas teológicas sobre la Inmaculada Concepción.

El estado anormal quedaba erigido en la ley eterna; y ese ideal absurdo, que el pueblo acogió con candorosa altivez, imposibilitaba para siempre todo progreso, a despecho de cualquier éxito material.

II - EL FUTURO IMPERIO Y SU HABITANTE.

El territorio que a los ochenta y cuatro años de su descubrimiento formaría el centro del Imperio Jesuítico, parecía realizar con su belleza las leyendas circulantes en la España conquistadora, sobre aquel Nuevo Mundo tan manso y tan proficuo.

Si Colón se había creído en las inmediaciones del Paraíso al tocar la costa firme, arrebatada su misma imaginación de comerciante con la maravilla tropical, los conquistadores que entraron al centro del Continente por el Plata y por el Sur del Brasil, pudieron suponer lo propio.

Menos grandioso el paisaje, pero más poético; añadiendo los encantos del clima y del acceso fácil a su gracia original, y alternando en discreta proporción el bosque virgen con la llanura, el río enorme con el arroyo pintoresco, su belleza se adaptaba mucho mejor a aquellos temperamentos meridionales.

Por grande que fuera su rudeza, el entusiasmo debió llegar a lo grandioso, si se considera el fondo místico de la empresa y sus contornos épicos. La geografía, recién escapada a las invenciones medievales, que durante mil años estuvieron tomando de Plinio cuanto hay en este de más quimérico, aumentaba con lo incierto de sus datos la impresión legendaria.

Las ideas reinantes sobre el Nuevo Mundo eran en realidad tan vagas, que en 1526, cuando la expedición de Gaboto empezó definitivamente la conquista del Río de la Plata y del Paraguay, François de Moyne, en su tratado De Orbis situ ac descriptione, tomaba al Asia, a la Europa y a México, por un solo continente, atribuyendo una costa no interrumpida y común a la Suecia, la Rusia, la Tartaria, Terranova y la Florida. Verdad es que en 1550, Pierre Desceliers protestó de semejante confusión en su mapa-mundi, aludiendo visiblemente a Moyne; pero la perplejidad siguió por muchos años todavía, engendrando los planes más insensatos.

El nuevo país de que la conquista se enseñoraba, no favorecía mucho, sin embargo, las empresas puramente bélicas; y así, sus ocupantes debieron limitarse casi del todo al cometido de exploradores. Los naturales presentaron escasa resistencia, los grandes ríos facilitaron desde el comienzo las excursiones, y puede decirse que, fuera del bosque, la arduidad de la empresa no fue extrema.

La comarca se brindaba a primera vista para la fundación de un vasto imperio. Desde su geología hasta su habitante, todo presentaba caracteres uniformes.

Sobre las areniscas rojas, sincrónicas con el período cretáceo al parecer, y en todo caso muy antiguas, un vasto derrame de basalto imprimió al terreno su fisonomía actual. Otros dos productos de este fenómeno, la completaron en la forma enteramente peculiar que hasta hoy reviste. El primero es un ocre ferruginoso, que en las capas profundas se manifiesta compacto y negruzco, pulverizándose y oxidándose al contacto del aire, hasta constituir la arcilla colorada que forma el suelo de la región; el otro es un conglomerado de grava, en un cemento ferruginoso también, verdadera escoria que rellenó las grietas del basalto, y cuyo clivaje denota vagamente una disposición prismática, que facilita su desprendimiento en bloques casi regulares La nomenclatura popular llama a esta roca piedra tacurú, por la semejanza que presenta con la estructura interna de los hormigueros de este nombre. Sus yacimientos, que fueron muchas veces canteras jesuíticas, permiten estudiarla bien, pues aquellos trabajos la pusieron al descubierto en grandes superficies; y la regularidad de sus bloques, de setenta a ochenta centímetros por costado generalmente, sorprende por su parecido con la cristalización basáltica a la cual acompañó.

Nuevos sacudimientos del suelo proyectaron a través de las grietas los asperones primitivos, cuyo horizonte actual patentiza claramente este fenómeno. En la costa paraguaya, frente a San Ignacio, hay una gruta que pone a la vista el levantamiento en cuestión; y los cerrillos de Teyú Guare, en la ribera argentina, lo ratifican mejor quizá con sus vivas estratificaciones. Si el cauce del Alto Paraná es, corno se cree, una grieta volcánica, á lo menos hasta aquella altura —y ello me parece evidente—, esos bancos de arenisca en sus orillas, demostrarían la supuesta proyección.

Abundan también los lechos de cuarzo cristalino y aun agatado, aunque este menos común, predominando la misma roca en los cantos rodados de los ríos. Las cornalinas y calcedonias que suele hallarse entre estos, deben provenir de las sierras brasileñas, pues su pequeñez indica lo largo del camino que han debido recorrer; pero estos son ya detalles geológicos.

Lo que predomina es el basalto y los compuestos ferruginosos, desde el ocre y el conglomerado que antes mencioné, hasta el mineral nativo, fácilmente bailable en la costa del Uruguay, y los titanatos que con aspecto de azúrea pólvora, jaspean profusamente las arenas.

A esta exclusividad corresponde una no menos singular ausencia de sal y de calcáreo; pues fuera del carbonato de cal, elemento de las melafiras mezcladas al basalto en ciertos puntos, y de algunas tobas, estratificados de la misma sustancia, que figuran en nódulos libres, pero con mucha parsimonia en los terrenos de acarreo, no se advierte ni vestigios. Las aguas, extraordinariamente dulces, demuestran también esta escasez.

Un rojo de almagre domina casi absoluto en el terreno, contribuyendo a generalizar su matiz, los yacimientos de piedra tacurú, fuertemente herrumbrados; los basaltos y melafiras con su aspecto de ladrillo fundido, y el variado rosa de los asperones; con más que estos son accidentes nimios, pues la tierra colorada lo cubre todo.

El carácter geológico es uniforme, pues, y con mayor razón si se considera su área inmensa; pues tanto las arcillas rojas, como el traquito del que se las considera sincrónicas, se dilatan en línea casi recta hasta el Mar Caribe, constituyendo el asiento de la gran selva americana, extendida por la misma extensión, con el mismo carácter de unidad sorprendente. Diríase que la extraordinaria permeabilidad de ese ocre, facilitando la penetración de las aguas pluviales en su seno, y en caso de sequía la imbibición por contacto con los depósitos profundos, mantiene la humedad enorme que semejante vegetación requiere; ocasionando a la vez poderosas evaporaciones[43], condensadas luego en aquellas lluvias constantes, cuya pluviometría alcanza al promedio anual de 2 metros en Misiones, y de 3 arriba en el Norte del Paraguay, contándose aguaceros de 800 milímetros. Esto explicaría bien, me parece, la relación entre el bosque y su suelo.

La ausencia de sal y de calcáreo, que en Córdoba coexisten con las areniscas rojas del extremo boreal de su sierra, y en los Andes con los basaltos del Neuquen, puede que se haya debido en parte —pues nunca fue abundante de seguro—, a la levigación, fácilmente ejecutada por las lluvias en suelo tan permeable, pareciéndome igualmente claro que a esta causa obedezca también su pobreza fosilífera.

---

43   A las diez de la mañana siguiente de una noche lluviosa, el caminan ve levantarse, casi bajo sus píes, densos vapores en todos los sitios descubiertos.

Salvo algunas impresiones en las areniscas, los fósiles propiamente dichos son tan escasos, que puede considerárselos ausentes. La falta de calcáreo y de sal, explica esto en buena parte; pero como ella resultaría a su vez de la permeabilidad del suelo, y de las lluvias excesivas, en estas causas queda comprendido todo.

A esa inmensa fertilidad, se agregaba lo riente del paisaje en el centro del futuro Imperio Jesuítico. El derrame basáltico, dio al suelo un aspecto generalmente ondulado por oteros y lomas que se alzan a montabas, pero nunca imponentes ni enormes, desde que su mayor altitud alcanza en lo que fue el límite N. E. de aquel, a 750 metros.

El triángulo formado por la laguna Iberá y los ríos Uruguay, Miriñay y Paraná, es decir el actual territorio de Misiones, hasta el paralelo 26°, fue el centro del Imperio, y su aspecto da en conjunto la característica de la región.

Cruzado por la Sierra del Imán, casi paralela a los dos grandes ríos cuyas aguas divide, formaba un término medio entre la gran selva y las praderas, contando además con la montaña y con la vasta zona lacustre de la misteriosa, Iberá, vale decir con todas las condiciones necesarias para una múltiple explotación industrial.

Del propio modo que en las comarcas del Brasil y del Paraguay, situadas a igual latitud, el bosque no es continuo en la región misionera. La gran selva se inicia con manchones redondos, que tienen ya toda su espesura; poro faltan todavía algunas plantas más peculiares, como los pinos y la hierba, cuya aparición señala el comienzo de los bosques continuos. Estos, como en las dos naciones antedichas, están formados por los mismos individuos; pero en la región argentina, más broceada por la explotación industrial, no son ahora tan lozanos.

Generalmente circulares, fuera de los sotos, donde como es natural, serpentean con el cauce, su espesura se presenta igual desde la entrada. No hay matorrales ni plantas aisladas que indiquen una progresiva dispersión. Desde la vera al fondo, la misma profusión de almácigo; el mismo obstáculo casi insuperable al acceso; la misma serenidad mórbida de invernáculo.

Su silencio impresiona desde luego, tanto como su despoblación; los mismos pájaros huyen de su centro, donde no hay campo para la vista ni para las alas. Nunca el viento, muy escaso por otra parte en la región, conmueve su espesura. Los herbívoros se arriesgan pocas veces en ella, y tampoco la frecuentan entonces los felinos. Algún carnicero necesitado, o aventurero marsupial, como el coatí y la comadreja, afrontan, trepando al acecho por los árboles, tan difícil vegetación, en busca de tal cual rata o murciélago durmiente; pero aun esto mismo acontece rara vez. Los árboles necesitan estirarse mucho para alcanzar la luz entre aquella densidad, resultando así esbeltamente desproporcionados entre su altura y su grueso.

Los escasos claros, redondeados por la expansión helicoidal de los ciclones, o las sendas que cruzan el bosque, permiten distinguir sus detalles. Admirables parásitas, exhiben en la bifurcación de los troncos, cual si buscaran el contraste con su rugosa leña, elegancias de jardín y frescuras de legumbre. Las orquídeas sorprenden aquí y allá, con el capricho enteramente artificial de sus colores; la preciosa «aljaba» es abundantísima, por ejemplo. Líquenes profusos, envuelven los troncos en su lana verdácea. Las enredaderas cuelgan en desorden como los cables de un navío desarbolado, formando hamacas y trapecios a la azogada versatilidad de los monos; pues todo es entrar libremente el sol en la maraña, y poblarse esta de salvajes habitantes.

Abundan entonces los frutos, y en su busca vienen a rondar al pie de los árboles, el pécari porcino, la avizora paca, el agutí, de carne negra y sabrosa, el tatú bajo su coraza invulnerable; y como ellos son cebo a su vez, acuden sobre su rastro el puma, el gato montés elegante y pintoresco, el aguará en piel de lobo, cuando no el jaguar, que a todos ahuyenta con su sanguinaria tiranía.

Bandadas de loros policromos y estridentes, se abalen sobre algún naranjo extraviado entre la inculta arboleda; soberbios colibríes zumban sobre los azahares, que a porfía compiten con los frutos maduros; jilgueros y cardenales, cantan por allá cerca; algún tucán precipita su oblicuo vuelo, alto el pico enorme en que resplandece el anaranjado más bello; el negro jacutoro muge, inflando su garganta que adorna roja guirindola, y en la espesura amada de las tórtolas, lanza el pájaro-campana su sonoro tañido.

Haya en las cercanías un arroyo, y no faltarán los capivaras, las nutrias, el tapir que al menor amago se dispara como una bala de cañón por entre los matorrales, hasta azotarse en la onda salvadora; el venado, nadador esbelto. Cloqueará con carcajada metálica, la chuña anunciadora de tormentas; silbarán en los descampados las perdices, y más de un yacaré soñoliento y glotón, sentará sus reales en el próximo estero.

En el suelo fangoso brotarán los helechos, cuyas elegantes palmas alcanzan metro y medio de desarrollo, ora alzándose de la tierra, ora encorvándose al extremo de su tronco arborescente, con una simetría de quitasol. Tréboles enormes multiplicarán sus florecillas de lila delicado; y la ortiga gigante, cuyas libras dan seda, alzará hasta cinco metros su espinoso tallo, que arroja a la punción un chorro de agua fresca.

Por los faldeos y cimas, la vegetación arbórea alcanza su plenitud en los cedros, urundayes y timbós gigantescos. El follaje es de una frescura deliciosa, sobre todo en las riberas, donde forma un verdadero muro de altura uniforme y verdor sombrío, que acentúa su aspecto de seto hortense, sobre el cual destacan las tacuaras su panoja, en penachos de felpa amarillenta que alcanzan ocho metros de elevación, descollando por su elegancia, entre todos esos árboles ya tan bellos, el más peculiar de la región —la planta de la hierba, semejante a un altivo jazminero.

Reina un verdor eterno en esas arboledas, y solo se conoce en ellas el cambio de estación cuando, al entrar la primavera, se ve surgir sobre sus copas la más eminente de algún lapacho, rugoso gigante que no desdeña florecer en rosa, como un duraznero, arrojando aquella nota tierna sobre la tenebrosa esmeralda de la fronda.

Nada más ameno que esos trozos de selva, destacándose con decorativa singularidad sobre el almagre del suelo. Sus meandros parecen caprichos de jardinería, que encierran entre glorietas verdaderas pelouses. Los pastos duros de la región, fingen a la distancia peinados céspedes; y el paisaje sugiere a porfía, correcciones de horticultura.

Las palmeras —sobre todo el precioso pindó, de hojas azucaradas como las del maíz—, ponen, si acaso, una nota exótica en el conjunto, al lanzar con gallardía, me atrevo a decir jónica, sus tallos blanquizcos a manera de cimbrantes cucañas; pero nada agregan de salvaje, nada siquiera de abrumador a la circunstante grandeza. Esta se conserva elegante sobre todo, y los palmares que comienzan cada uno de esos bosques, dan con su columnata la impresión de un pronaos ante la bóveda forestal.

Serrezuelas entre las cuales corren ahocinados arroyos clarísimos, que acaudalan con violencia a cada paso las lluvias, figuran en el paisaje como un verdadero adorno formado por enormes ramilletes. Los pantanos nada tienen de inmundo, antes parecen Horeros en su excesivo verdor palustre.

Los naranjos, que se han ensilvecido en las ruinas, prodigan su balsámico tributo de frutas y flores, todo en uno. El más insignificante manantial posee su marco de bambúes; y la fauna, aun con sus fieras, verdaderas miniaturas de las temibles bestias del viejo mundo, contribuye a la impresión de inocencia paradisíaca que inspira ese privilegiado país.

Reptiles numerosos, pero mansos, causan daño apenas; los insectos no incomodan, sino en el corazón del bosque; hasta las abejas carecen de aguijón, y no oponen obstáculo alguno al hombre que las despoja, o al hirsuto tamandúa que las devora con su miel.

Las mismas tacuaras ofrecen en sus nudos un regalo al hombre de la selva, con las crasas larvas del tambú, análogas, si no idénticas en mi opinión, a las del ciervo volador, que Lúculo cataba goloso.

El clima, salubre a pesar de su humedad extraordinaria, presenta como único inconveniente un poco de paludismo en las tierras muy bajas. La escarcha de algunas noches invernales, no causa frío sino hasta que sale el sol, y el promedio de la temperatura viene a dar una primavera algo ardiente. Viento apenas hay, fuera de las turbonadas en la selva.- Neblinas que son diarias durante el invierno, envuelven en su tibio algodón a las perezosas mañanas. Ahogan los ruidos, amenguan la actividad, retardan el día, y su acción enervante debe influir no poco en la indolencia característica de aquella gente subtropical.

Cerca de mediodía, aquel muelle vellón se rompe. El cielo se glorifica profundamente; verdean los collados; silban las perdices en las cañadas; y por el ambiente, de una suavidad quizá excesiva, como verdadero símbolo de aquella imprevisora esplendidez, el morpho Menelaus, la gigantesca mariposa azul, se cierne lenta y errátil, joyando al sol familiar sus cerúleas alas.

A la tarde, el espectáculo solar es magnífico, sobre los grandes ríos especialmente, pues dentro el bosque la noche sobreviene brusca, apenas disminuye la luz. En las aguas, cuyo cauce despeja el horizonte, el crepúsculo subtropical despliega toda su maravilla.

Primero es una faja amarillo de hiel al Oeste,, correspondiendo con ella por la parte opuesta una zona baja de intenso azul eléctrico, que se degrada hacia el cénit en lila viejo y sucesivamente en rosa, amoratándose por último sobre una vasta extensión, donde boga la luna.

Luego este viso va borrándose, mientras surge en el ocaso una horizontal claridad de anaranjado ardiente, que asciende al oro claro y al verde luz, neutralizado en una tenuidad de blancura deslumbradora.

Como un vaho sutilísimo embebe a aquel matiz un rubor de cutis, enfriado pronto en lila donde nace tal cual estrella; pero todo tan claro, que su reflexión adquiere el brillo de un colosal arco-iris sobre la lejanía inmensa del río. Este, negro a la parte opuesta, negro de plomo oxidado entre los bosques profundos quo le forman una orla de tinta china, rueda frente al espectador densas franjas de un rosa lóbrego.

Un silencio magnífico profundiza el éxtasis celeste. Quizá llegue de la ruina próxima, en un soplo imperceptible, el aroma de los azahares. Tal vez una piragua se destaque de la ribera asaz sombría, engendrando una nueva onda rosa, y haciendo blanquear, como una garza a flor de agua, la camisa de su remero...

El crepúsculo, radioso como una aurora, tarda en decrecer; y cuando la noche empieza por último a definirse, un nuevo espectáculo embellece el firmamento. Sobre la línea del horizonte, el lucero, tamaño como una toronja, ha aparecido, palpitando entre reflejos azules y rojos, a modo de una linterna bicolor que el viento agita. Su irradiación proyecta verdaderas llamas, que describen sobre el agua una ciara estela, a pesar de la luna, y la primera impresión es casi de miedo en presencia de tan enorme diamante.

Dije ya que aquellas tierras se prestan a todas las producciones. Hay, sin embargo, algunas singularidades debidas a la constitución geológica. Falta desde luego la tierra vegetal, el humus, que solo se encuentra en fajas de sesenta metros, término medio, a las orillas de los arroyos, y en limitadas áreas bajo los bosques, como si su formación fuera difícil, ora por la evolución laboriosa de la arcilla, ora por ser muy nuevos los terrenos. Así, las Misiones propiamente dichas, se prestan poco a la cría de ganados. Las praderas no producen durante el invierno más que pastos muy duros —espartillo casi en su totalidad—, y el bosque es más escaso todavía. Los ganados enflaquecen horriblemente y sucumben en grandes cantidades; pues el recurso de darles a comer ciertas palmeras y bambúes, es demasiado costoso para dehesas un tanto crecidas. Durante el verano, las cosas andan poco mejor, no existiendo en realidad otro forraje natural que la gramilla de los terrenos pantanosos, con su precario rendimiento. Solo el maíz, que da casi siempre dos cosechas, y algunas veces tres por año, podría compensar tal escasez, como elemento de ceba; pero queda otro inconveniente más grave aún; quiero referirme a la falta de sal, que no existe sino en pequeños ribazos de terreno vagamente salitroso, preferidos por los animales del bosque, aunque de todo punto insuficientes para grandes rebaños. La sarna, la tuberculosis y las afecciones intestinales, causan estragos al faltar ese elemento, impidiendo casi del todo la cría en grande escala.

Entiendo que en los esteros del río Corrientes se ha hecho alguna vez con éxito la tentativa de obtenerlo, evaporando las aguas palustres; y es sabido que aquellos son campos de pastoreo; mas no sé que esto haya pasado, ni con mucho, a una explotación regular.

Fuera de ese inconveniente, nada pone obstáculos á una vasta prosperidad.

Abundan las ricas maderas, de tal modo, que el cedro reemplaza al pino en la carpintería ordinaria. Los jesuitas habían cultivado con éxito el arroz, pudiendo verse aun en ciertos terrenos bajos, durante las sequías, vestigios de sus rastrojos. El trigo, que ahora no figura entre los ramos de producción, bastaba entonces para la harina de consumo. El algodón, el cacao y el añil, producían buenos rendimientos y las viñas dieron regulares cosechas de vino.

La caña de azúcar, echa tallos macizos hasta de cinco metros de longitud y grueso extraordinario; el tabaco brota pródigo, y ya he hablado del maíz. Los naranjos se han transportado de las antiguas reducciones al bosque, y donde quiera que los indios llevaban provisión de sus frutos: las canteras, puestos de pastoreo y plan tíos de hierba-mate. Por fin, estos últimos constituyen una riqueza peculiar, que será enorme, cuando se vuelva al cultivo hortense cuyo éxito demostraron los jesuitas[44].

Sobra en el reino mineral la piedra de construcción, representada por la tacurú y los asperones. El hierro se presenta con profusión, y existe algún cobre que los jesuitas laborearon. No tengo, respecto al plomo, otro dato que haber hallado en el pueblo de Concepción una bala de falconete, puesta ahora en el Museo histórico; pero ella pudo pertenecer al ejército lusitano-español que reprimió la insurrección de 1751. Las minas de metales preciosos, cuyo secreto se atribuye a los jesuitas, no han pasado de un sue-

---

44   Se ha pretendido restaurarlo en el Paraguay, pero la gente del pueblo cree allá, que quien planta hierba muere al año siguiente, y todo fracaso. El ocio tropical tiene un incentivo hasta en las leyendas.

ño, lo propio que los criaderos diamantíferos. Uno que otro topacio, tal cual cornalina y amatista, es todo. Los cuarzos cristalinos, muy interesantes, han inspirado quizá la leyenda adamantina.

La falta de cal ya mencionada, dio margen también a muchas conjeturas. Como los templos jesuíticos estaban blanqueados, el campo de la suposición quedaba abierto al fallar enteramente las canteras.

Se afirmó entonces que los padres habían empleado la tabatinga, ocre blanquizco que abunda en el Brasil; pero esto es inadmisible, porque los vestigios de reboque y las argamasas que traban aún algunas paredes, revelan la existencia de la cal. Lo que hubo, quizá, fue algún rancho de las reducciones blanqueado con el singular producto.

Fundados en la célebre «Memoria» de Doblas, algunos han repetido con este que la cal se extraía de los caracoles blancos, no muy numerosos por cierto en el territorio, y después de todo insuficientes[45]; pero puede existir en esta explicación de apariencia tan nimia, un fondo de verdad, si se considera que en la costa brasileña del Uruguay; frente a Garruchos, existe un banco de conchas fósiles, el cual presenta señales de explotación. Quedaba en territorio jesuítico, y a corta distancia de la reducción de San Nicolás.

Otros han pretendido que el artículo en cuestión, iría de Buenos Aires como elemento de ornato, y creo que algo de esto pudo haber; pero su profusión, sobre todo en los templos de fecha más reciente, me ha hecho pensar en canteras allá mismo explotadas. Hay un dato que revela su probabilidad. En el «Diario» del reconocimiento, que el Virrey mandó ejecutar en 1790 sobre la costa occidental del río Paraguay, su autor, el piloto Ignacio Pasos, afirma que por la mencionada margen, a los y junto al paraje llamado Presidio de Coimbra, había «mucha piedra de cal». Lo análogo de esta región con la misionera, refuerza el indicio; y como nadie ha practicado una exploración de todos los puntos que ocuparon los jesuitas, puede que la supuesta cantera permanezca oculta. El hecho de que el bosque haya cubierto los puntos donde el suelo fue removido, explicaría, por otra parte, la ocultación.

Pero ya insistiré mejor sobre estos detalles en el capítulo descriptivo de las ruinas.

---

45   Habrían servido mejor las tobas de que hablé en otro lugar; mas no hay señal de que se las empleen tampoco.

El suelo igual y la selva uniforme, en unión de un clima que lo es más aún por su carácter tropical, engendraron la unidad de raza en el habitante. Sea cualquiera la opinión de ciertos etnólogos fantásticos, creo que lo más sensato es agrupar a las tribus, dispersas en el ámbito de la gran selva, bajo el nombre genérico de «raza guaraní».

Eran comunes entre ellas, costumbres tan particulares como la del bezote, que desde el Plata al Mar Caribe usaron los guerreros indios, embutiéndose al efecto en el labio inferior cuñitas de madera o cristales de cuarzo. La ceremonia de cortarse una falange de los dedos, por cada pariente que fallecía, alcanzó la misma extensión, así como el infanticidio del hijo adulterino, que la madre ejecutaba acto continuo de su parto. Un mismo carácter predominaba en su tatuaje, su alfarería y sus armas. El entierro de los muertos, con la cabeza sobresaliendo del suelo y cubierta por un tazón de barro, es otra peculiaridad igualmente difundida: sucediendo lo mismo con la original circunstancia cosmogónica de considerar macho a la luna y hembra al sol[46]. El idioma muy vocalizado y con predominio de palabras agudas, como una vasta onomatopeya selvática, concluye de establecer el parecido; y ello es tanto más notable, cuanto que todos los indios, cualquiera que sea su tribu, se comprenden fácilmente entre sí.

Componían probablemente los restos de una gran raza guerrera en disolución, esparcidos por la selva con dirección al Oriente; existiendo vestigios de una emigración poco anterior a la conquista, que habría ascendido hacia el Norte en dos ramas, provenientes de la selva subtropical, bifurcándose por el litoral atlántico y por el centro del Continente.

Ese movimiento, uno de los tantos que efectuarían periódicamente y con la mayor facilidad aquellas tribus nómadas, a causa de las pestes, de extraordinarias sequías que ocasionaban el hambre, o por hábito resultante de su estado social, puso en contacto a la segunda de las ramas supuestas, con la vanguardia incásica que bajaba en sentido inverso, desprendiendo sus falanges conquistadoras por ambas vertientes de la cordillera originaria.

No obstante la divergencia entre la civilización decadente de los hombres del bosque, y el auge colonizador del imperio quichua, el contacto produjo la comunidad de algunas tradiciones y costumbres, que es de suponer im-

---

46   Como los Eddas escandinavos en El viaje de Gylfe, El poema del enano Allvis, etc.

puestas por el elemento superior —como la decoración de las alfarerías y la momificación; bien que esta fuera entre los guaraníes, una simple desecación a fuego lento. La prueba es que la barbarie selvática disminuía mucho al Norte, en las regiones de la actual Venezuela y del Ecuador, donde la relación con los Incas de Quito sería casi regular, dado que estos se encontraban allá en su centro más civilizado y de influencia mayor por consiguiente.

La población del bosque, se tornaba más salvaje así que descendía al centro y al Sur del Continente, donde solo tuvo algún contacto accidental por el Chaco con el quichua civilizador; pero una y otra raza conservaron su característica emigratoria. Aquella, siempre dentro del bosque familiar; esta, sin desprenderse de la montaña, que la lleva como naturalmente en su transcurso austral, con el encadenamiento de sus valles.

Es todo cuanto queda de ese gran acontecimiento procolombiano, que tantas cosas habría podido dilucidar, a ser conocido en detalle; pero los cronistas españoles, si se exceptúa quizá a Sahagún, y este para los aztecas, llevaban a sus narraciones los modales del instrumento curial. Predominaba en ellas la lógica sobre la verdad. Demasiado retóricos para ser sinceros, todo lo habían de ajustar a su molde clásico, que para colmo solía venir de contrabando, y así resulta raro el detalle típico entre su fárrago indigesto. Después de mucho andar, encuentra uno que no ha adelantado casi nada.

Como muestra entre cien, basta el P. Guevara, a quien han seguido casi todos los que se ocuparon del indio guaraní y de sus costumbres. No advirtieron, cuando era tan fácil, que su mentada historia es en esa parte una rapsodia del poema de Barco Centenera (y ¡qué poema!) no solo por el plan idéntico, sino por los detalles que vierte a la letra en su prosa, tan insoportable como las octavas del original. La circunstancia de que acoja por verdades, leyendas tan inocentes como la metamorfosis de las llores del guayacán, transparente adaptación del Fénix a las mariposas americanas; así como que atribuya a restos de gigantes humanos, los huesos fósiles descubiertos por las avenidas-debieron poner sobre aviso a los que, bebiendo en él, no hacían sino copiar de segunda mano.

Queda solo en pie la pertenencia de las tribus guaraníes a una gran nación, disuelta por la barbarie. Rastros ciertamente vagos, pero no menos significativos, parecían denunciar esa unidad superior, en los grupos centrífugos.

El zodíaco les era común, y Alvear cita en su «Relación» algunas ideas astronómicas de los mococíes, que son ciertamente notables.

Tenían estos indios por su hacedor y numen a las Pleyadas, y por autor de los eclipses a la estrella Sirio, lo cual demuestra observaciones detalladas y la especificación mítica de ciertos astros, que para mayor curiosidad, han tenido aplicaciones análogas en muy distintos pueblos. El carácter cosmogenésico de las Pleyadas es bien singular, si se considera que para algunos astrónomos modernos, en dichas estrellas se halla el centro de nuestro Universo; pero esto no será más que una coincidencia.

El clima ardiente les permitía una desnudez casi total, que apenas interrumpían en algunos, un ponchito terciado al hombro, y un casquete, tejido, así como la prenda anterior, con fibras de palmera. Poníanle a veces plumas a guisa de adorno, y en igual carácter llevaban ajorcas y pulseras trenzadas con el pelo de sus mujeres. He mencionado ya el bezote, generalmente formado por un cristal de cuarzo. Las mujeres agregaban al «traje» descrito, un delantalillo duplicado a veces en taparrabo, y pendientes de semillas o conchas. Los actuales indios cainhuá del Paraguay, conservan muchas de estas peculiaridades.

La indumentaria de guerra era un poco más complicada. Una corona de cuero, ornada de vistosas plumas, reemplazaba al casquete descrito; pinturas trazadas con tabatinga y almagre, cubrían el cuerpo del guerrero, imitando pieles flavas de anta o de jaguar; y rodeaban su garganta sonoros collares de uñas o dientes bravíos. Las pinturas, eran como quien dice el traje de parada, pero existía el tatuaje en ambos sexos, a modo de distintivo nacional.

Por armas llevaban el arco y las flechas; la macana, a veces incrustada de cuarzos agudos, algunos la honda y pocos el chuzo. Las bolas, ineficaces en la selva, eran un recurso exclusivo de los que habitaban la llanura.

Fieles al cacique, que por lo general elegían solo en caso de guerra, nunca llegaban sus- agrupaciones gregales a formar ejércitos propiamente dichos. Individualmente eran bravos, y más aún sufridos, pues los ritos crueles con que celebraban su entrada en la pubertad y sus actos fúnebres, acostumbrábanlos al dolor.

En cuanto a sus demás costumbres, eran las de todos los salvajes, salvo pequeñas diferencias; de manera que no merecen descripción sus fiestas, borracheras, casamientos, etc.

Los más erraban por el bosque al azar de la caza, de la fresca que era abundante, o de la colmena, cuyo orificio agrandaban a la torpe machacadura de sus hachas de piedra, hasta poder introducir la mano, que desde niños se les ablandaba con tal objeto en continuo masaje-absorbiendo las heces del panal por medio de esponjosos liqúenes. Esos eran naturalmente los más ariscos, y nunca aceptaron la civilización.

Algunos componían grupos sedentarios, que no duraban mucho, estableciéndose en las vecindades de los ríos. Carpían a fuego un trozo de terreno, y con un palo puntiagudo a guisa do arado, abrían, poco después de llover, agujeros donde sembraban maíz, papas, zapallos y mandioca —sistema que todavía se usa en el Paraguay. Nadadores y remeros notables, tripulaban canoas labradas a fuego en los troncos del guabiroba, que les ha dado su nombre genérico, y así embarcados, a veces por días enteros, pescaban y cazaban. Su ardid más civilizado, consistía en usar de señuelo cotorras domésticas para sus cacerías. Sobre estos gozó de su mayor influencia el jesuita; pero tanto unos como otros abandonaban difícilmente el bosque, a no ser urgidos por el hambre y durante el menor plazo posible.

La miseria en que se hallaban, dificultó la poligamia a que tendían; siendo generalmente monógamos, salvo los hechiceros y caciques.

Dominados por la más elemental idolatría, esta misma no los preocupaba mucho. Algún árbol sagrado o serpiente monstruosa, formaban sus fetiches de conjuración contra las borrascas, a las cuales temían en razón de su violencia tropical.

Su inteligencia se manifestaba casi exclusivamente, en hábiles latrocinios y mentiras sin escrúpulo; su condición nómada, habíales quitado el amor a la propiedad y al suelo, careciendo en consecuencia de patriotismo y de economía. Todo su comercio se reducía a cambalachear objetos, lo cual disminuía más aún el amor a la propiedad organizada. Borrachos y golosos, la inseguridad del alimento, inherente a su condición de cazadores exclusivos, desenfrenó su apetito; y careciendo de sociedad estable, les faltó el control necesario para reprimirse. La música, el estrépito mejor dicho, y las decoraciones vistosas, halagaban su carácter infantil. Este dominaba de tal modo en ellos, que al decir de los jesuitas, comprendían las cosas mejor de vista que al oído: dato precioso para determinar su psicología. Voluptuosos y haraganes, por la influencia del clima y de la selva con su ambiente enervador, no servían para las grandes resistencias. A su arranque colérico, muy vivaz como en todas las naturalezas indecisas, sucedía una depresión proporcional La paciencia y el buen trato, bastaban para dominarlos; pero aquella blandura recelaba la inconstancia, considerablemente favorecida por el hábito andariego.

Hijo de esa selva, tan rica que, según Reclus, sus productos bastarían para alimentar a toda la humanidad, era el hombre tropical por excelencia, es decir indolente e imprevisor en su fácil bienestar Su tipo común acentuaba su unidad de origen; y aquel bosque, en cuya uniformidad ha visto el autor antecitado, la sugestión de una inmensa fraternidad futura para los pueblos de la América meridional, había impreso a su dócil constitución de primitivo, que no tenía ni reacciones atávicas, ni tradiciones, ni fuerza social con qué resistir la morbidez de su perenne verdura.

Se ha hablado mucho de su canibalismo, para pintarlo feroz; pero es menester observar quiénes y cómo hablaron.

No hay desde luego un solo testimonio de que- se los viera comer carne humana. El más próximo a esto, es el de los compañeros de Solís que «creyeron ver» en la confusión de la retirada.

Los primeros conquistadores y los misioneros, propalaron sobre todo la especie; pero unos y otros se hallaban harto interesados en glorificar su empresa, para que desperdiciaran detalle tan conmovedor. La ferocidad de los naturales, encarecía el éxito de la conquista.

Algunos autores modernos han pretendido que los indios no eran precisamente caníbales, aunque fueran antropófagos, pues su antropofagia formaba un rito religioso, una verdadera «comunión» en la víctima.

No obstante el cariz visiblemente clerical de la aserción, y lo que hubiera podido servir para demostrar la universalidad de ese cristianismo a la inversa, con que, según los escritores católicos, Satanás anticipó a pesar suyo la Revelación —es curioso que se les escapara a todos los misioneros contemporáneos. En ninguna crónica ni papel de la época, se alude siquiera a la socorrida «comunión»; y eso que los P. P. encontraban rastros evangélicos y bíblicos en casi todos los mitos aborígenes.

Queda en pie únicamente el canibalismo, considerado como muestra de ferocidad; pero abundan las pruebas en contrario.

Así el P. Cardiel, en su célebre «Declaración», pinta a los guaraníes como a seres inocentes e inofensivos, y agrega para demostrarlo, que un ejército de 28.000 indios, por ejemplo, vale tanto o menos que uno de niños, considerando que sus guerras no pueden ser calificadas ni siquiera de estorbo. A pesar de esto, el P. Lozano los da por guerreros temibles, cuya única ocupación era combatir, y los presenta como antropófagos. Ambas opiniones son a todas luces exageradas, en el primero por las razones que el Capítulo IV dará al lector; en el segundo, para encarecer los méritos de sus hermanos. Pero sea como quiera, lo cierto es que sigue faltando el testimonio ocular.

Nadie «vio».

Es igualmente extraño que ninguno de los indios reducidos, intentara reincidir en una costumbre de extirpación muy difícil, cuando es inveterada, puesto que implica para el caníbal la pasión misma de la gula. Los asesinatos de jesuitas, que trataré a su tiempo, fuera de haber sido escasísimos, y en ningún caso muestras de refinada maldad, no presentan ejemplo de que los indios se comieran a ningún padre Por el contrario, consta en los panegíricos del doctor Xarque, que los hechiceros indios se oponían a la acción religiosa de los jesuitas, presentándolos ante sus compatriotas como comedores de carne humana; y si atribuían a estos el canibalismo que a ellos se les achacaba, es obvio suponerlos exentos de él.

Los conquistadores, interesados en propalar lo propio, para acrecer su gloria guerrera y cohonestar a la vez sus crueldades, no dejaron de asegurarlo; pero entre ellos tampoco hubo quien ratificara hechos concretos con su testimonio personal.

Cierto es, por el contrario, que Gaboto dio en Los Patos el año 1526, casi once después de la muerte de Solís, con desertores suyos: debiendo considerarse a los charrúas como miembros de la nación guaraní. Al año siguiente, el marinero Puerto, sobreviviente de aquel desastre, fue hallado sobre la costa del Uruguay por el mismo Gaboto; 110 obstante lo cual, en la leyenda 7 de su planisferio de 1544, este afirma que los charrúas devoraron a Solís...

Diego García atribuyó igualmente el canibalismo a los tupies de San Vicente. La carta de Pedro Ramírez, en lo que se refiere al diario de Gaboto por el Alto Paraná, también habla de la antropofagia guaraní. Schmídel imputa igual costumbre a los carios; pero estos debían de ser tan poco feroces, que 110 vacilaron en prestar juramento de fidelidad a Irala, estableciéndose en colonia, y siendo entre todos los indios sojuzgados por dicho conquistador, los únicos que lo hicieron sin oponer resistencia.

Por último, Barco Centenera, para no citar rápsodas, lo afirma también en su fastidiosa crónica rimada (¡10.752 versos!); pero ella no es sino un tejido de leyendas pedantes y patrañas ridículas, tomadas por historia a falta de otra, y a causa de haber sido testigo presencial el autor. Esto ha bastado con harta frecuencia para dar por buenos los papeles de la conquista, citándolos al montón, sin asomo de crítica. Tal sucede entre otros, con este autor.

Al honesto arcediano le salían sirenas en los esteros (canto XIII), sus indias se llamaban Liropeyas; daba asimismo como cierta la leyenda de la tremebunda serpiente curiyú (canto III); y si las crueldades de los salvajes le inspiran (canto XV) horrendos detalles sobre empalados y sepultados vivos, en las dos estrofas siguientes (la 36.ª y 37.ª) narra la manera cómo se salvó de sus garras un religioso franciscano, con tal milagrería de pacotilla, que aquello sobra para desautorizar su pretendida veracidad. Pero basta con transcribir la estrofa en que explica el canibalismo precisamente, (canto I) para ver hasta qué punto aquella inocente pedantería falsificaba todo detalle natural:

Que si mirar aquesto bien queremos,

Caribe dice, y suena sepultura

De carne: que en latín caro sabemos

Que carne significa en la lectura.

Y en lengua guaraní decir podemos

Ibi, que significa compostura

De tierra, do se encierra carne humana.

Caribe es esta gente tan tirana.

El logogrifo, como se ve, no tiene precio; y ese híbrido de latín y guaraní resulta sencillamente impagable, ¡Hace ochenta años que nuestros historiadores y literatos nos recomiendan, sin leerlo por de contado, tan bárbaro adefesio!

A pesar de todo, los mismos que trataban de caníbal y salvaje al guaraní, sostuvieron relaciones con él sin mayores inconvenientes. Gaboto, que en su relación lo describe sanguinario y cruel, poco tuvo de qué quejarse a su respecto durante la navegación del Paraná; pues el desastre acaecido a la tripulación del bergantín explorador del Bermejo, debe imputarse a su propia codicia, desde que su tripulación fue persuadida a descender entre los indios, con cebo de plata y oro. Esto demuestra que los tales le conocían el lado flaco, a costa de extorsiones y sevicias con toda seguridad. El episodio romanesco de Lucía Miranda, es una excepción, que cabe, por otra parte, en cualquier raza.

Puede imputarse igualmente a la crueldad conquistadora la catástrofe de la expedición de Mendoza. Los indios se entendieron bien desde el primer momento con los fundadores de Buenos Aires, vendiéndoles las vituallas que necesitaban. Los málos tratos que se les infligió después, ocasionaron la guerra. Baste saber que muchos de esos conquistadores habían pertenecido, así como su jefe, a las hordas del condestable de Borbón; y si por un asunto de salario[47] asaltaron la Ciudad Eterna, violando monjas sobre los altares de las iglesias, con detalles de sadismo espantoso, y pillando con desenfreno tal que horrorizó a la misma Europa de hierro —puede inferirse su conducta entre salvajes desamparados, con toda la exasperación de apetitos que supone en semejantes lobos una larga navegación.

No mostraron los indios menor suavidad ante las empresas terrestres, siendo esto más notable aún por lo directo de su contacto con los expedicionarios. Alvar Núñez, en su larga travesía desde la Cananea a la Asunción, tuvo en ellos una ayuda eficaz, pues le proporcionaron de buen grado víveres y canoas. Igual le su cedió en la expedición para buscar el camino del Perú, con la única excepción de los guararapes.

En la antecedente a esta, y en las que emprendió posteriormente con objeto igual, Irala tuvo menos de qué quejarse: y la verdad es que los españoles, durante toda la conquista, atravesaron aquellas regiones a su antojo, casi sin otros obstáculos que los naturales.

Tampoco hubo nada que lamentar en la expedición de los Césares —cuyo somero detalle podrá ver el lector en el capítulo siguiente—, a pesar de su inmensa marcha; ni las diversas con que se intentó comunicar al Paraguay

---

47   Sabido de que la política del Emperador, consistió en dejar obrar a la necesidad sobre las tropas que sitiaban a Roma, siendo el asalto para estas una cuestión de hambre. Así salvaba su responsabilidad, y podía dirigirse luego al Papa pidiéndole perdón por su victoria...

con el Tueumán á través del Chaco, desde la de Diego Pacheco que lo atravesó dos veces con solo cuarenta hombres, sin perder uno.

En todas las grandes incursiones de Chaves, se manifestaron asimismo tratables, aconteciendo a propósito un hecho elocuente: Cuando fue enviado a fundar la ciudad de Santa Cruz, quedose con sesenta hombres únicamente, mientras regresaban a la Asunción sus compañeros descontentos, sin que el escaso número de las fuerzas incitara desmán alguno; y a los que después de fundada aquella, navegaron el Mamoré y el Marañón hasta salir al Atlántico, expedición enorme que puede parangonar se dignamente con la célebre de Pizarro y Orellana por el Amazonas —tampoco les ocurrió percance bélico.

Por último, Felipe Cáceres en su viaje de ida y vuelta al Perú, anduvo cerca de un año por tan vastas selvas sin soportar hostilidad alguna

Si Ortiz de Vergara se vio obligado a reprimir sangrientamente la rebelión general de los guaraníes, que estalló en los comienzos de su gobierno, ello debe atribuirse a la extraordinaria dureza con que los trató su antecesor Mendoza. Por lo demás, la defensa del suelo nativo es un movimiento natural, que no denuncia en quien lo ejecuta una maldad ingénita; y en cuanto a la nación guaraní, los hechos citados bastan, me parece, para demostrar su buena índole.

De este modo, el habitante y el suelo no oponían a la conquista sino un obstáculo pasivo. Uno y otro requerían tan solo empresas organizadas para rendir pingües ganancias, en proporción, naturalmente, del ingenio con que se explotara sus condiciones.

La gran variedad de los productos, garantía desde luego un sistema de trabajos en rotación, que suponía la vida completa' bajo todas sus fases. Las tribus dispersas por la extensión de la selva, nada podían hacer, pues para ellas no existía tal variedad, limitada su vida a pegujares estrechos y adventicios. El escaso número de sus miembros, así como su permanente estado de guerra, imposibilitaban por completo cualquier idea de explotación sedentaria; pero habían conservado virgen también el terreno, preparando más opimo rendimiento al conquistador que lo avasallara con miras de engrandecerse, y con la unidad de acción requerida por toda empresa eficaz.

III - LAS DOS CONQUISTAS.

El estudio comparativo de la doble corriente conquistadora que dominó el antiguo Paraguay, requiero un cuadro histórico a grandes rasgos, desde 1526, año de la exploración de Gaboto que abrió el país a la conquista, hasta 161Ü, cuando empezaron los jesuitas sus tareas, para que el lector se dé cuenta de la situación general. Breve será esto, y al concluirlo, nos encontraremos ya enteramente en la cuestión.

Tomaré la denominación genérica de «Paraguay» aplicada al país hoy dividido entre la República Argentina, el Brasil, el Paraguay moderno y Bolivia, pues con tal nombre distinguían los jesuitas a la provincia espiritual que erigieron en estas comarcas. Abarcaba ella el Tucumán, el Río de la Plata y el Paraguay, cuyos límites orientales de entonces llegaban hasta muy cerca de la ribera atlántica, y como veremos luego, semejante división no fue puramente una expresión geográfica. De tal manera el nombre adoptado, fuera de lo que simplifica la cuestión, corresponde al plan mismo de la obra.

Como en su transcurso he de referirme indistintamente a las posesiones españolas y portuguesas, creo oportuno advertir que en caso de duda o contradicción entre los escritores de ambas nacionalidades, he adoptado por lo común el criterio de los correspondientes a cada una, como regla de prudencia y de imparcialidad.

La conquista del Plata había quedado interrumpida por la catástrofe de Solís, hasta los años 1526-27, durante los cuales Gaboto y García entraron al estuario, llegando el primero al Salto de Apipe, y explorando a su regreso el río Paraguay, hasta cerca del punto donde se fundaría luego la Asunción, así como una parte del Bermejo.

Ciertos historiadores portugueses, han dado por cierto que cuatro compatriotas suyos, enviados por Martín Alfonso de Souza desde San Vicente en 1526, atravesaron el Paraguay hasta el Perú en viaje de exploración. Creo que se trata de un lapsus, en cuya virtud se atribuye a los portugueses una expedición enteramente española.

Hasta por las fechas y el itinerario, resulta en efecto análoga á aquella de los compañeros de Gaboto, que saliendo del fuerte de Sancti-Spiritus en línea recta al O., reconocieron la región de Cuyo; faldearon la Cordillera y llegaron al Tucumán, remontándose por él hasta el Cuzco. Iban a las órdenes de un oficial apellidado César, y habiéndoseles llamado por extensión los Cesares, dieron origen a la fábula de las quiméricas ciudades de este nombre[48].

La expedición portuguesa, parece, entonces, una adaptación fantástica. No hay, en efecto, otro dato sobre ella, que el de Ruy Díaz de Guzmán, quien se equivoca desde el principio, pues atribuye al mencionado capitán lusitano el envío de una expedición imposible, dado que este 110 arribó al Brasil hasta 1530. Un escritor que se equivocaba en tal forma, a ochenta y dos años de los hechos narrados (compuso su «Argentina» en 1612), merece ciertamente poca fe. Por otra parte, la forma y el número de las cifras no dan asidero a una suposición de error caligráfico, mucho más cuando en el capitulo siguiente se incurre en uno más grave aún, dada la notoriedad del hecho, teniendo por realizado en 1530 el viaje de Gaboto.

Esta nueva errata probaría que la expedición brasileña de que hablo más arriba, fue la misma de los Césares, pues atribuye a Gaboto la fecha del viaje de Souza, siendo ya dos deficiencias concurrentes al mismo fin.

Fuera perfectamente natural, sin embargo, suponer una transposición del número (1526 por 1530), dado que el habitual desgaire de los cronistas españoles, sobre todo en lo referente a fechas y graduaciones geográficas, tenía por digna continuación las trocatintas peculiares del copista[49]; pero hay otros lapsus más redondos y en los cuales no cabe ya explicación.

Así, por ejemplo, nuestro desenfadado historiador atribuye a Américo Vespuccio el descubrimiento del Brasil, y afirma que Solís regresó a España en vez de haber sido muerto por los charrúas...

Sirva este caso de tipo al lector, para que aprenda a desconfiar en materia de papeles antiguos —que suelen ser tenidos por los mejores—, y para que

---

48   El profesor Al. Henri de Galzain, de Villa Mercedes (San Luis) me ha comunicado que existe sobre el rio Quinto un paso llamado de los Césares que vendría a quedar sobre el itinerario antedicho, confirmándolo más aún; pues no existe es la historia ni en la tradición local, dato alguno que lo justifique.

49   Es extraño que Angelis, a quien debió llamar la atención el doble error, no lo aclarare en una cota; pues se siente uno tentado a atribuírselo. Pero un estudiante primario no incurriría en el, mucho menos un compilador, por torpe que se le suponga. Puede dárselo, entonces, como perteneciente al historiador.

valore el mortal fastidio inherente a semejantes compulsas. Leer y citar es nada; lo arduo está en controlar[50] lo que se cita.

Como quiera que sea, el caso es que el Brasil progresó mucho antes que el Paraguay, estribando en esto el comiendo de su rivalidad histórica.

Sesenta años después de su descubrimiento, la posesión portuguesa exportaba ya algodón y azúcar con tanto éxito, que este último producto contó por 32.000.000 de francos al empezar el siglo xviii. Las nueve Capitanías en que estaba dividida, florecieron presto, existiendo en todas ellas casas de la Compañía de Jesús.

Este progreso, que era una amenaza indirecta, dado lo vago de los términos geográficos empleados por el Papa Alejandro para redactar su conocida bula arbitral[51], y sabiéndose que en el Brasil existía una administración regular desde 1530, ocasionaron la expedición de Mendoza, entre el entusiasmo causado por la de Gaboto.

Puede decirse que con Ayolas, enviado por aquel en reconocimiento, empieza recién[52] la verdadera conquista. Subió por los ríos Paraná y Paraguay, venciendo fácilmente la escasa resistencia de las tribus ribereñas; fundó la Asunción, y continuó su viaje hasta Candelaria. Ordenando a Irala que le esperase allá con la escuadrilla durante seis meses, atravesó el Chaco y llegó hasta las fronteras del Perú, de donde regresó con algunas piezas de plata, siendo muerto por los mbayás y serigués entre los cuales se había establecido al no encontrar a sus compañeros.

La tenaz oposición de los indios de Buenos Aires, que amenazaban malograr toda fundación mientras no so tuviera una base sólida de operaciones sobre ellos, acarreó el abandono definitivo de la nueva ciudad y la reconcentración consiguiente de todos sus elementos en el Paraguay, donde

50   No acepto el académico "contralorear", derivado de «contralor», con que la Academia, más papista que el Papa, traduce controle, síncopa de contre-role; pues no veo el derecho con que los etimólogos españoles refaccionan una palabra francesa, de más fácil pronunciación y más breve en su forma original que en su restauración arcaica-inocente pedantería con que se disfraza tanta miseria casera.

51   Es curioso que la primera cuestión de limites en América, haya sido resuelta por al arbitraje. La bula del Papa Alejandro VI, no era otra cosa en efecto.

52   Como no alcanzo la razón que haya para limitar el oficio Je esta palabra a su combinación con el participio, adopto nuestra lógica generalización. Igualmente usaré la palabra rol, bajo su afección francesa de papel o figura en un desempeño; así como yerbal y yerbatero, derivados de yerba (ilex paraguayensis). Por último, empleare como sinónimo de asperón la palabra gres que la Academia no acepta.

los naturales se manifestaban más dóciles. Este tuvo desde entonces, y a pesar de su carácter mediterráneo, la superioridad política que por tan largo tiempo iba a conservar.

Durante el gobierno de Ay olas y los comienzos del de Irala, la guerra no fue el único trabajo de los conquistadores, pues estos, con una actividad ciertamente admirable, dadas sus expensas, fundaron trece pueblos en aquellos territorios.

Irala había sido electo popularmente gobernador; pero el arribo de Alvar Núñez, Adelantado real, le despojó del mando. Para llegar a su sede, este acababa de realizar la segunda gran expedición por tierra a través de la comarca, en un viaje de ocho meses, desde el río Itabucú frente a Santa Catalina, hasta la Asunción, ósea en un trayecto de trescientas leguas.

De orden suya, Irala efectuó la tercera, con el objeto de franquearse un camino hasta el Perú y unificar la acción conquistadora, dándose la mano con aquellos expedicionarios. Sin idea clara todavía sobre el inmenso territorio intermedio, los conquistadores paraguayos procuraban su acceso al país del oro; y la Corona que veía en él un centro político, procuraba darlo, con miras de economía y de administración, la mayor zona de influencia posible, fomentando aquellas exploraciones.

Irala regresó con informes, habiendo llegado hasta los 17° de latitud, y entonces el Adelantado intentó por su cuenta el acceso; pero la inundación de las tierras le redujo a volverse.

Depuesto por el descontento de sus soldados, a quienes había querido imponer reglas de disciplina, predicando con el ejemplo de su honradez y de su cultura, que no hizo sino exasperarlos más, su intrépido teniente emprendió otra vez el camino del Perú.

Esta expedición señala el hecho importante de que los indios empezasen a figurar como aliados de los españoles en sus guerras civiles, pues demuestra que ya se había producido entre ambas razas un principio de fusión.

Consiguió Irala por fin llegar hasta Chuquisaca, resolviendo no pasar adelante por el estado político en que se hallaba el Perú, a objeto de evitarse compromisos con los bandos en lucha.

Envió desde allí a Nuflo de Chaves, con una solicitud a La Gasea para que lo confirmase en el gobierno, regresando al Paraguay donde a tiempo debeló la usurpación de Abreu. Poco después llegó Chaves, el cual, con aquel doble viaje, acababa de realizar la expedición más notable que haya salido del Paraguay.

Los indios de la Guayra, duramente explotados por los portugueses que los esclavizaban, reclamaron la protección de Irala, cuyo renombre se extendía ya hasta por la selva como un símbolo de prestigio y de justicia Acudió el conquistador a la demanda, recorrió entera la región, estableciendo el dominio español sobre blancos e indios, y abriendo de este modo una vía de comunicación entre su sede y tan lejana barbarie.

Hasta entonces la conquista se había realizado sin ninguna intervención religiosa, de tal modo que recién al año siguiente de esta última expedición (1555) llegó al Paraguay su primer obispo. El territorio ocupado después por el Imperio Jesuítico, estaba completamente abierto ya, no obstante su extensión, con más otras regiones adonde no llegó nunca la expansión misionera.

Dos nuevas expediciones a la Guayra, acabaron de cimentar en ella el prestigio español: una de Chaves, que buscaba salida al Atlántico por la costa del Brasil, y otra de Ruy Díaz Melgarejo, que fundó en dicha provincia la Ciudad Real.

No se había perdido la idea de buscar comunicación directa al Perú, e Irala envió a Chaves nuevamente con tal objeto. Ya no volvería a verle, pues murió antes de su regreso, pero aquel infatigable conquistador había cumplido sus órdenes con éxito extraordinario. Recorrió en efecto la provincia entera de Chiquitos, y el Matto Grosso, verdaderas regiones de leyenda cuyo acceso requería una constancia rayana en obstinación y una intrepidez realzada al heroísmo. Ya sobre la actual Bolivia, encontrose con Manso que venía del Perú. Disputaron sobre la posesión de aquellas tierras, que lo fueron adjudicadas por el Virrey, y a su regreso fundó la ciudad de Santa Cruz.

Gonzalo de Mendoza, heredero de Irala, murió un año después de su elevación al gobierno, nombrándose en su reemplazo a Ortiz de Vergara, con quien empezó la serie de motines y golpes de mano, en que la injerencia política del clero se manifestó por primera vez.

Entretanto, habían continuado las fundaciones, hasta alcanzar, sumadas con las trece antedichas, el número de veintiocho en setenta y cuatro años.

Azara, en su lista de pueblos, incluye corno laicas las trece primeras reducciones de la Guayra; pero no creo que deba imputarse este error a malevolencia sectaria con objeto de desprestigiar la obra jesuítica; pues de Moussy, en quien ya no cabe igual sospecha, lo reprodujo. Es verosímil suponer una confusión con las trece fundaciones efectuadas en los años de 1536-38 por Ayolas e Irala, dado que la coincidencia del número, tanto en las jesuíticas como en las laicas, pudo motivar el trastrueque; y sin que esta explicación pretenda discutir el sectarismo de Azara, indudable por otra parte.

La conquista laica tuvo en Irala su dechado. Hombre de gobierno ante todo, su administración dio la pauta a las organizaciones futuras, que nunca pudieron sobrepujarla. Su intrepidez, y su rectitud, combinadas en admirable equilibrio, le conciliaron el afecto de los indios y de os blancos. Legislador, sus reglamentos gobernaron por muchos años el Paraguay, siendo ahora mismo, y en atención a la sociedad que organizaron, un modelo de sabiduría política. Incansable en sus empresas, dilató los límites de su territorio hasta puntos que no fueron alcanzados sino doscientos cincuenta años después; y sus expediciones al Perú, no han vuelto a repetirse.

Más político que Alvar Núñez, cuya rigidez se volvió odiosa ante sus compañeros, él supo conciliar la severidad con la blandura, hasta hacerse idolatrar por los soldados, que le veneraban como a un padre, y amar por los indios como a un justiciero protector.

La influencia española alcanzó a su impulso el máximum de eficacia. Dejó planteada en grande escala ya, la industria de la hierba, que formaría hasta hoy, puede decirse, el principal recurso del país, siendo notable, entre otras explotaciones, la de Mbaracayú en la Guayra. El plantel de ganado mayor y menor, quedaba arrojado en las selvas y praderas como proficua simiente, que a los pocos años ya fue cosecha asombrosa.

Basta, en fin, para apreciar en conjunto la importancia de la conquista laica, saber que desde 1526 hasta 1610, fundaron los conquistadores casi tantos pueblos como los jesuitas en siglo y medio, a pesar de que estos tuvieron la senda abierta.

Las poblaciones laicas alcanzaron a veintiocho, como dije antes, debiendo agregárseles diez ciudades, de importancia relativamente considerable[53];

---

53   Estas fueron: Asunción, Ciudad Real, Santi Cruz, Villa Rica, Jerez, Concepción, Ontiveros, Corrientes, Santa Fe y Buenos Aires.

mientras los jesuitas, que en los cinco primeros lustros de su apostolado fundaron diecinueve pueblos, no llegaron sino a catorce durante los ciento treinta y tres años medianeros de 1634 a 1767, figurando entre ellos seis, creados con indios de reducciones ya existentes.

Quedaba expedito, además, el camino del Perú; abierta una salida al Océano, que es decir u Europa, por el Marañón; demostrada la posibilidad de comunicarse con el Tucumán a través del Chaco, según lo había probado Diego Pacheco en su travesía de ida y vuelta desde Santiago del Estero a la Asunción; establecido desde 1573 el contacto entre las conquistas peruana y platense, con la fundación simultánea de Córdoba y Santa Fe, y todo esto casi sin sacerdotes, o a lo menos sin su concurso especial.

Los primeros españoles solo tuvieron uno. Veinte años después de la conquista, en plena acción expedicionaria y fundadora, apenas había diecisiete, incluso el obispo y canónigos, y treinta años después, veinte por todo.

Facilitaron aquella expansión puramente laica, las tendencias regalistas de la Corona, para quien la Iglesia fue al principio un subalterno, con frecuencia humillado y siempre contenido; pero el auge de los jesuitas, con todas las complicaciones y concurrencias ya enunciadas, engendró la reacción, incorporándolos al país, en tiempo de Hernandarias, como un elemento conquistador.

Su intervención quedó justificada desde luego, por el mal trato creciente que se daba a los naturales. Ya en 1496, Peralonso Niño había llevado a España el primer cargamento do indios esclavos; y es sabido que treinta años después, Diego García envió otro a un comerciante de San Vicente (Brasil) con quien tenía contrata por ochocientos, para ser remitidos a Europa; lo cual demuestra la regularidad del tráfico. A.1 suspenderse este, la encomienda lo reemplazó como medida interna. Hernandarias pudo decir con razón a unos indios tomados en 1593, con un cargamento de hierba, que lo mandaba quemar en su presencia, presintiéndolo como causa de su ruina. Desde que empezó por entonces la explotación de los hierbales del actual Paraguay, la extinción de la raza fue problema resuelto.

La conquista no era una colonización, y traía aparejadas para los vencidos todas las consecuencias de la guerra. Poco tenía en qué efectuarse el saqueo, dada la pobreza de los naturales; pero la necesidad de mujer, que tan irritantes desmanes ocasiona en semejantes casos, y mucho más con tales hombres, así como la crueldad exasperada por el eterno chasco del oro, causaron horrorosos vejámenes.

Después del combate de Guarnipitó, que trajo por consecuencia la fundación de la futura capital paraguaya, figuraron en el tributo do guerra impuesto a los indios, siete muchachas para Ayolas y dos para cada uno de sus compañeros, siendo esto la regla general.

Schmídel, actor en lo más recio del drama, y a quien no puede sospechársele exageración, dada la escasa jactancia de sus narraciones, cuenta que en la expedición contra los agaces, todos los pueblos de estos fueron quemados. La lujuria del conquistador, está visible en la calificación de «hermosísimas y lascivas» que da a las mujeres de los jarayes lo cual demuestra que las frecuentó, así estuviera aquella hermosura muy exagerada, como es probable, por el celibato forzado del narrador. Durante año y medio de expedición, cautivaron, dice, en las tierras de los guapás, doce mil indios; habiendo soldado raso que tenía cincuenta para su servicio. Con exageración y todo, la realidad de la esclavitud no sería menos evidente.

El instinto aventurero se sobreexcitaba hasta lo increíble en aquellas comarcas, cuyo aspecto decorativo producía, y con mayor razón en los espíritus predispuestos, un delirio de grandeza teatral. La solemne espesura, inspiraba con su misterio; cada matorral podía esconder la fama o la fortuna; los obstáculos no eran sino un incentivo mayor a la constancia, exagerada por una heroica rivalidad. Endilgados en el bosque virgen, al rastro de tal cual fábula que en caprichosa etimología derivaban de una palabra o mito indígena, ya no habían de volver- sino con la certidumbre por premio.

Crédulos acogieron la leyenda de las perlas en tal laguna del Chaco; la referencia de aquel peñón de plata que resplandecía en medio del Paraná, camino a la Guayra; los cuentos de dragones y de pigmeos; la existencia de mitológicas amazonas. .

Su transcurso quedaba señalado por la devastación. Incendiaban una aldea como quien prende un fuego de artificio, y allá quedaba el tendal de violaciones y de adulterios, comentando las orgías de una noche. Al padecer ellos tanto en sus jornadas, en poco tenían el dolor ajeno; mucho más tratándose de sores tan inferiores, que hasta la humanidad se les discutía. Un feroz individualismo reinaba en aquellas huestes, apenas vinculadas por la propia inseguridad. El botín, precario casi siempre, ocasionaba disputas cuya inmediata consecuencia era el homicidio. En torno de la fogata que formaba el corazón del vivac, antes que los pucheros funcionaban los cubiletes. Ni la fatiga de jornadas terribles, ni las heridas del dardo salvaje, extinguían aquella pasión en sus férreas naturalezas. Y entrada la alta noche, bajo la sombra de aquellos bosques sin rumores, que atemorizaba a veces el rugido de algún jaguar en ronda, salían del atroz peladero para improvisar sus tálamos brutales en el rebaño de cautivos, o para dirimir en el asesinato anónimo una apuesta infortunada, una fullería, una broma quizá.

Dogos sobre un hueso, a puñaladas y a arcabuzazos disputaban la menguada presea que la suerte les ponía al alcance en los cabellos de alguna india opulenta, estando su avaricia en razón directa de la escasez. Cómplices, no compañeros, aquellas expediciones los unían como un delito; y solo por indefensos prefería a los indios su ferocidad. Allá dominaban exclusivos el coraje y el interés.

También así eran de tremendas sus penurias. La Naturaleza oponía de sobra la resistencia que el aborigen no supo organizar, y si aquel desenfreno de los instintos, tan característico de la guerra, trajo consigo, como parece, la obstinación demostrada por los conquistadores, en un verdadero apogeo de fuerza bruta, justo es confesar que a él se debió la conquista.

Schmídel nos ha dejado en su narración, un cuadro por demás interesante sobre aquellas exploraciones de la selva tropical. Se refiere a la que, capitaneada por Hernando de Rivera, envió Alvar Núñez para descubrir el imperio de las Amazonas.

Una vaga relación de los indios, a la que mezclarían, como es natural, sus mentiras de práctica, embrollándola más aún con su costumbre de adherirse a cuanta conjetura se les propone, decidió la expedición.

El fantástico imperio quedaba, según sus inventores, a dos meses de viaje por la selva inundada; pero no esto arredró a los exploradores. Tribus, terreno, arboledas, animales, régimen meteorológico de la región, todo les era desconocido. Caminaron durante quince días por un interminable pantano, llevando a la rodilla y a la cintura el agua, que los soles tropicales calentaban basta una mórbida tibieza en la cual bullían pestíferos fermentos. Con ella apagaban su sed, exasperada por la fiebre que en ella misma bebían. Los gajos de los árboles eran sus lechos. Para comer, encendían sus fuegos sobre pértigas entrelazadas, a modo de trébedes gigantescas. Todo caía en ocasiones al fango, y los últimos días de aquel viaje, ya no hubo más alimento que el cogollo de las palmeras.

Llovía entretanto espantosamente, inundándose cada vez más la selva, y sin que por ello una ráfaga de frescura aliviara la emoliente asfixia de aquel lúgubre sudadero. Todas las sabandijas del bosque, exaltadas por la germinante humedad, se abatían sobre los expedicionarios en ferocísimos enjambres. Pero nadie intentó retroceder. Más pálidos que espectros, chapaleando pesadamente con el pantano eterno sus propias disenterías, devorados por comezones enloquecedoras, delirantes de hambre, furiosos de clausura entre aquella fronda con su ambiente de sótano, latigueados por funestos escalofríos bajo los chaparrones, profundizando su silencio lóbrego entre el agua implacable; ninguno, sin embargo, desfalleció; y tiene algo de dantesco aquella feroz pandilla, que arrastra sus lodientos harapos bajo ese bosque, medio engullida en líquida tumba por el charco cálido y muerto como una jofaina de pediluvios.

Treinta días duró aquello, pues fueron y volvieron a su través; y si hubo motines, se debieron a la disciplina que intentó imponer el Adelantado para contener las depredaciones El saqueo y la lujuria componían su pitanza de tigres, que no había podido arrebatarles el Papa mismo.

Así fueron los dominadores del salvaje.

Conforme a cédula real, Irala había empadronado y repartido con perfecta equidad los primeros indios en número de veintiséis mil.

A este objeto, se los dividía en dos clases. Los yanaconas o vencidos en guerra, que componían las encomiendas perpetuas; y los mitayos, sometidos voluntariamente o por capitulación, en cuyas encomiendas solo trabajaban los varones de dieciocho a cincuenta años. Su tarea anual no debía exceder de dos meses, quedan do libres el resto del tiempo, y es difícil concebir nada más humanitario; pero como el gobierno, en el intento de abrir cuanto antes el país, permitía las expediciones particulares contra los indios, y el consiguiente establecimiento de encomiendas yanaconas, que eran naturalmente las más solicitadas —las mitayas quedaron abolidas de hecho.

Su institución fue algo así como la coartada moral del poder; pero dadas las costumbres y el concepto legal predominantes, la excepción se convirtió en regla, acentuando más todavía el carácter de conquista que revistió la ocupación.

Igualmente desusadas quedaron las obligaciones que la Corona imponía a los encomenderos, en lo relativo al trato de sus indios. En una y otra clase de encomienda, el dueño no podía venderlos ni abandonarlos, aun por razones de enfermedad; estaba asimismo sometido a cuidarlos, alimentarlos, doctrinarlos, darles oficio; y existía además otra prescripción, que comportaba una verdadera garantía del porvenir: tanto los yanaconas como los mitayos, quedaban libres a las dos generaciones, con la sola carga de un módico tributo.

Todo lo concerniente a las relaciones entre el indio y el encomendero, era un sentimentalismo de aplicación imposible; pero aquella manumisión constituía una sabia medida de gobierno, pues prevenía radicalmente el daño de la esclavitud perpetua. De persistirse en ella, nada le habría faltado a la conquista laica para su éxito completo; pero la tendencia improvisadora de una legislación arbitraria y enteramente formal, hizo fracasar el experimento en una crisis de impaciencia. Una expedición desgraciada[54], bastó para dar por muerto el fruto que iba a lograrse quizá, poniendo en otras manos su cultivo.

Mientras, las provincias d«Vera y de la Guayra llevaban ya cincuenta años de régimen encomendero; así es que sus indios iban a entrar en libertad, cuando fueron entregados a los jesuitas.

No creo que aquello hubiera dado mucho de sí, pero el ensayo no se hizo, y queda la duda, existiendo además una circunstancia que tiende a reforzarla.

Como los españoles no trajeron consigo mujeres, su unión poligàmica con las indígenas produjo numerosos mestizos, libres según la voluntad real, cabiendo inferir que su contacto con los indios, habría podido ser benéfico para estos; pero insisto en que solo se trata de conjeturas.

El hecho establecido es que las encomiendas constituían, a despecho de las leyes, una esclavitud efectiva, considerablemente agravada al aumentar la explotación de los hierbales. Aquella especulación desaforada, que hoy mismo es una tiranía odiosa, abolió toda noción de piedad y hasta de respeto por la vida humana.

La semi-esclavitud del indio venía a redundar en contra suya, pues no habiendo capital invertido en él, su dueño no tenía interés en conservarlo. Trabajaba con bestial exceso, y tan hambriento, que a veces sucumbía de

---

54   La de Hernandarlas, de que se hablará más adelante.

inanición sobre su carga. A la par seguía cebándose en sus filas la crueldad conquistadora, y su disminución fue tan rápida, que en algunas partes estaba reducido al uno por mil.

Apenas se le concedía carácter de hombre, aunadas la filosofía y la teología para declararlo, además, esclavo de nacimiento. La encomienda, institución feudal que prosperó durante casi toda la Edad Media, arraigaba como planta indígena, sin que nada pudiera contener sus abusos, sobre la raza servil e indefensa y sobre el ánimo del conquistador, más regresivo, si cabe, al revivir sus cualidades de paladín en un medio que imperiosamente las suscitaba.

Su incapacidad productiva y su desdén por el trabajo, volvían más pesada la opresión, desde que él se limitaba a mandar siervos, sin colaborar en sus tareas, residiendo aquí su diferencia substancial con el colono.

Quizá habría bastado para contener sus desmanes, un patronato espiritual de los indios; pero la Corona no sabía conciliar, siendo la intolerancia su característica, y los jesuitas eran demasiado absorbentes para resignarse a una participación. El ensayo de teocracia iba a realizarse, pues, con toda amplitud.

Los primeros religiosos que predicaron el Evangelio a los guaraníes del Paraguay propiamente dicho, fueron los franciscanos Armenta y Lebrón, que Alvar Núñez halló en Santa Catalina en 1541; pero ya antes dije que los sacerdotes no tuvieron influencia sensible durante la conquista laica.

Propiamente considerada, la «conquista espiritual», que así la llamaré adoptando la denominación de uno de sus más célebres autores (el P. Montoya), comenzó al finalizarla expansión descubridora de la otra, empalmando con ella en su concepto substancial.

Los primeros jesuitas que la raza guaraní conoció, llegaron al Brasil en 1549. Desde 1554, este país formó una provincia espiritual; y los P. P. empezaron sus fundaciones; internándose rápidamente desde el litoral atlántico hasta las nacientes del Paraná, y elevando a treinta su número. Una de ellas, la de Manizoba, estaba situada en la Guayra misma.

El lector sabe ya que la rápida prosperidad brasileña, puso en guardia al gobierno español, motivando la expedición do Mendoza. No constituían la menor fuente de recela aquellas reducciones, que empezaban a fundarse en el propio territorio español; pues los P. P., lógicos en esto con su política, obedecían a los gobiernos bajo cuya jurisdicción se encontraban, haciéndolos servir por tal manera al interés general de la orden. Esta no conocía patria, teniendo por tanto una superioridad inmensa sobre aquellos, en cuanto a la unidad de su acción y a la multiplicidad de sus medios.

La evangelización de las tribus guaraníes, que dio su base experimental al proyecto del Imperio futuro, había empezado con método admirable. Las capitanías del Brasil eran otros tantos centros do operaciones, que aspiraban a entenderse naturalmente con los establecidos en el Tucumán; pero necesitaban para esto de un foco intermedio, siendo inaccesible la distancia entre ellos, y el Paraguay se presentaba desde luego. Lo que la conquista procuraba realizar de su parte, acomodándose á las circunstancias creadas por descubrimientos sin plan, los jesuitas concibiéronlo con adoptarlo en el territorio ya poseído.

Aventajaban a los demás en el conocimiento previo, que para aquella había sido consecuencia fortuita, y tenían mucha mayor capacidad para organizar una empresa, por su férrea disciplina, la simplificación de método que suponía su renunciación de todo incentivo terrenal, en bien de su orden, y el concurso, para este fin, de las grandes inteligencias con que contaban.

En 1588 llegaron los primeros al Paraguay, enviados desde el Brasil. Eran experimentados misioneros y sabían el guaraní. Su acción iba a buscar en sentido inverso, el contacto que había insinuado treinta años antes, por la Guay- ra, aquella reducción de Manizoba, malograda en su intento a causa de su origen portugués, que la hizo naturalmente sospechosa para los expedicionarios españoles sobre aquel territorio.

Al situarse en la Asunción, aquellos jesuitas se colocaban bajo la influencia española, salvando así los celos patrióticos, mientras sus compañeros del Brasil seguían de consuno la obra proyectada. Pero como España era la más fuerte, y como sus dominios llegaban hasta la misma costa de aquel país, los últimos se limitaron a conservarse en ella El Paraguay fue el centro de irradiación elegido, y la unidad de la acción que se intentaba quedó establecida de allí a poco, por la constitución de la provincia espiritual, que abrazaba, corno se recordará, regiones tan diversas.

De tal modo revelaba aquello una acción fu tura, que la comunicación entre dichas regiones no existía. A ser la tal provincia una mera subdivisión que la desprendía del Perú para facilitar su administración espiritual, habría debido crearse otra en el Tucumán. Es que mientras la conquista laica seguiría buscando su contacto con el Perú, desde aquel centro y desde el Paraguay, la espiritual, más audaz, más lógica, y sin el estorbo de los límites territoriales, orientaría todas sus aspiraciones a conseguir el desahogo marítimo por la costa del Brasil.

La primera, dirigida desde España sobre la base de informes no siempre desinteresados y fieles, tuvo por norte el miraje del oro; con más que las posesiones portuguesas la habrían opuesto siempre un obstáculo, a querer tomar el rumbo de la segunda.

Esta, concebida por un poder nada disperso en complicaciones políticas, y exento de penurias económicas, contó desde el primer momento con la experiencia de hombres avezados e inteligentes, que percibieron sin vacilar la futura grandeza, apreciando a la vez, en su justo valor, la importancia real de aquel oro que tantas cabezas trastornaba. No le desconfiaban los intereses patrióticos, puesto que su influencia era igual en las naciones rivales, y el Evangelio le daba un admirable estandarte, para garantirle la consideración de las dos.

La relación con el Perú, que no podía ser abandonada enteramente, quedó secundaria, no obstante, sobre todo en la primera época y mientras se constituía un poderoso centro de operaciones; pero nunca fue abandonada en absoluto. Era también una posesión de la orden, cuya frontera convenía frecuentar.

Compusieron la primera misión al Paraguay, los P.P. Soloni, Ortega y Fildi. El primero era un veterano de las misiones. Ya en 1576, acompañando a su maestro, el P. Gaspar Tulio Brasiliense, había fundado entre los ímayaras la reducción de Santo Tomé. A aquellas fundaciones se agregaron, hasta 1577, la de San Ignacio entre los surtáis, y la de San Pablo en la costa del mar, vecina al río Sergipe. Llevaba, pues, el referido sacerdote, catorce años de predicación en el Brasil, donde fue ordenado. Sus compañeros entraron hasta la Guayra, y allá, en unión con los P P. Barzana, Lorenzana y Aquila, que llegaron del Tucumán poco después, formaron el primer plantel de reducciones paraguayas.

Organizando misiones, que eran más bien reconocimientos, siguió paralizada la expansión hasta 1599, en que muerto Soloni, fue nombrado superior Lorenzana.

Poco después, el P. Esteban Páez, Visitador de la comarca, teniendo en cuenta la distancia a que se hallaban aquellos P.P. de su casa central del Perú, lo cual impedía auxiliarlos con eficacia, resolvió que se retiraran al Tucumán, encargando la evangelización a los del Brasil, que se hallaban más próximos y sabían la lengua de los naturales. Lorenzana y Ortega se marcharon, pero Fildi quedó enfermo en Asunción.

No cabe duda de que aquellos sacerdotes, informaron detalladamente a su generalato, sobre las condiciones del territorio por ellos reconocido, su situación intermedia entre el Tucumán y el Brasil, la posibilidad de una salida marítima por este país, una vez efectuado el contacto, la facilidad de comunicaciones con el Perú y con Buenos Aires, la índole favorable de la raza y la consiguiente facilidad de dominarla, todavía favorecida por la influencia militar de los españoles. Si a esto ne agrega el conocimiento de la extraordinaria fertilidad y excelente clima, que prometían grandes compensaciones al trabajo inteligente, no es arriesgarse hasta lo fantástico suponer que la idea del Imperio fue concebida desde entonces.

Los jesuitas eran demasiado expertos, para no comprender que la restauración teocrática no prosperaría ya en Europa; pero poseían al mismo tiempo bastante decisión, para aprovechar aquella coyuntura experimental que se les ofrecía. Sus misiones de Asia, no podían aspirar a influir sobre la política de imperios constituidos, que supieron oponerles con eficacia el prestigio de religiones organizadas; mas la orden era eminentemente política, a causa de sus procedimientos modernos, y no se resignaba a proceder como una de tantas. Acogió, pues, gozosa la ocasión que se le presentaba en aquel manso país, con la rudimentaria estructura social de sus tribus, como una masa plástica sensible a cualquier presión, entrando acto continuo a realizar el vasto plan.

Fue el primer paso, la erección de la provincia espiritual del Paraguay, que el quinto General de la Compañía, P. Claudio Aquaviva, efectuó en 1604. El año anterior, Hernandarias había realizado una expedición contra las tribus del Uruguay, siéndole adversa la fortuna, pues aquellas llegaron a exterminar su infantería; y esto le decidió a impetrar de la Corona el establecimiento de misiones, dando por infructuosa toda acción ulterior sobre los indios.

Semejante pesimismo, a todas luces sorprendente en un carácter tan intrépido, y cuando estaba fresco aún el recuerdo de Irala, me hace sospechar que la influencia jesuítica, siempre grande sobre él, no fuera ajena a su determinación.

De todos modos, la Corona en su real orden del 30 de enero de 1609, encargó la reducción de los indios o los jesuitas.

La organización se encontró planteada, con tal oportunidad, que revela a primera vista una inteligencia entre el generalato jesuítico y el gobierno; pues este era demasiado celoso de sus prerrogativas, para no protestar eficazmente si aquel hubiera procedido sin su aquiescencia.

Efectivamente, el general de los jesuitas había encargado al superior de la compañía en el Perú, P. Romero, la erección de la provincia del Paraguay, que en 1607 tuvo su primer Provincial en la persona del P Diego de Torres Bollo, el cual empezó sus tareas acompañado por quince sacerdotes.

Bien se predisponía todo en favor de los nuevos misioneros, revelando la certeza de sus cálculos. Diríase que ¡a América estaba predestinada a aquella influencia. En 1508, el mapa de Ruysch llamaba a la del Sur Terra Sancta Cruds, denominación corriente, al parecer, pues el globo Lenox la repite[55]; y concretándonos al Paraguay, encontramos que este, poco antes de la época a que voy refiriéndome, tuvo de obispo a Fray Martín Ignacio de Loyola, sobrino, nada menos, del fundador de la Compañía.

Los diecisiete años de activa labor yerbatera habían hecho intolerable la crueldad de los encomenderos; de modo que cuando Alfaro, Visitador de la Corona, realizó la investigación que esta le había cometido sobre la situación de los indios paraguayos, no vaciló en tomar su partido, de acuerdo, con los jesuitas, cuya acción apoyó decididamente con sus célebres ordenanzas. El segundo gobierno de Hernandarias, en 1615, robusteció aún más su nación te poder.

El Gobierno, cuyo ideal teocrático tan bien se avenía con aquel ensayo, miró a los autores como a sus vasallos predilectos, facilitando su acción con toda suerte de preferencias.

---

55   Llamado así porque pertenece a la colección "Lenox" de Nueva York.

Penetraron, pues, con buen pie al país abierto ya en toda su extensión por las correrías de los conquistadores, demostrándose su acción secundaria a este respecto, con una sola consideración:

Mientras en Norte América y en Asia fueron notables sus descubrimientos por aquel mismo tiempo, durante el siglo y medio que duró su imperio en el Paraguay, solo se cuenta tres expediciones suyas de este género. Las de los P. P Castañares y Patino por el Pilcomayo, y la del P. Ramón por los ríos Negro y Orinoco[56].

En las seis grandes expediciones que reconocieron el territorio, desde 1515 a 1610, la religión no tuvo parte. La conquista laica se desarrolló sola, y con tal éxito, que solo ocho de sus veintiocho fundaciones fueron destruidas al paso que las trece de los jesuitas en la Guayra, más otras muchas suyas hasta alcanzar a cuarenta, desaparecieron por causa igual.

De aquí a juzgar con Azara y otros liberales, que la primera empresa fue superior a la segunda, hay mucha distancia: y si he insistido de nuevo en el parangón, es a objeto de que se vea cómo la ley histórica, en cuya virtud la conquista militar precede a la religiosa, se cumplió aquí una vez más.

Continuaban al propio tiempo las fundaciones en el Tucumán y en el Perú, contándose dos poderosos centros en Córdoba y Santa Fe, que con los paraguayos y brasileños daban ya el boceto de la dominación futura. Los establecimientos de la Guayra y los del distrito del Tape, tenían tan visible objeto de darse la mano con los costaneros del Brasil, que dejaron casi abandonado el territorio intermedio entre ellos y la Asunción, donde sobraban infieles sin embargo. El ataque simultaneo de los mamelucos sobre ambos puntos, demuestra que aquellos también se datan cuenta del plan seguido por sus poderosos rivales.

Los jesuitas, reaccionaron sobre la idea que consideraba a los indios como bestias semi-racionales, mas para tenerlos por niños, lo cual equivalía a prolongar indefinidamente su tutela Quedaban, con relación a sus protegidos, en la misma situación que los encomenderos, y debe alabárselos por no haber abusado de ella; pero el hecho es que, salvo el buen trato, la tendencia conquistadora permaneció incólume.

---

56   Falkner no entra en esta cuenta, por haber sido su campo de acción la Patagonia; pero su obra fue allá tan notable y benemérita, que bien merece una mención especial.

Como los espíritus más selectos habían adoptado, según dije, la carrera eclesiástica al pronunciarse la decadencia española, su mayor delicadeza de sentimientos y su elevación moral, ocasionaron el trato mas humanitario de los indios en las misiones. Pero la teología hueca y la piedad acomodaticia influyeron sobre la conquista espiritual, haciendo de las conversiones un asunto mecánico. Lo que se quería era bautizar a toda costa; y a veces una tribu, vencida por la tarde, era cristianada al día siguiente en masa, sin otra comunicación evangélica que la muy precaria entre vencedor y vencidos.

Siendo tan diversa la situación moral de uno y otros, y actuando ambos en esferas psicológicas tan opuestas, claro es que la predicación solo daba resultados insignificantes. En los primeros tiempos, se efectuó a veces con ayuda de interpretes; y es fácil suponer la manera cómo los conceptos teológicos del catolicismo pasarían a las mentes salvajes, traducidos por el guaraní de un lenguaraz.

Aunque los P.P. contaron desde luego con el catecismo de los franciscanos, en lengua indígena, y por más que algunos ya la sabían, las dificultades fueron casi insuperables para comunicar cosas tan sutiles y complicadas como las teológicas, sin que el fetichismo aborigen presentara una sola coyuntura en su tosca sencillez. La conciencia errátil del indio producía un obstáculo quizá mayor, no quedando entonces otro expediente que una imposición directa y autoritaria.

Fue lo que se hizo, imprimiendo en aquella indolente plasticidad, todavía aumentada por su situación de vencida, el sello teocrático, y atrayéndola con el único medio de relación posible, dada su impenetrabilidad psicológica, la tentación sensual, por medio de golosinas, músicas, pinturas, etc, arte en el que, ayer como hoy, eran maestros aquellos religiosos.

Los indios solo adoptaron, pues, la exterioridad del nuevo culto, sin que esto perjudique a la intención de sus misioneros, pues por algo había que empezar; pero no está probado que salieran de allí. Fue una sustitución do su idolatría, mísera y rudimentaria, por otra, llena de ceremonias aparatosas, en las cuales era dado participar con trajes de viso y títulos que halagaban la pasión del fausto, tan dominante en el indio. El estilo charro, característico de los ornamentos y templos jesuíticos, estaba más próximo de su mentalidad que la severa belleza de los tipos clásicos, con su exceso decorativo que los P. P. exageraron todavía.

Fiestas patronales de los pueblos, y onomásticas del Rey, han dejado en las crónicas un recuerdo de lujo bárbaro, que revela con significativa elocuencia el método.

Todo era, naturalmente, religioso. Los recamados ornamentos resplandecían al sol; aguas perfumadas servían en las ceremonias. Había profusión de incienso y de repiques; y por sobre todo, esta suprema vinculación de la gratitud primitiva con la religión que ocasionaba los festejos: aquel era el día de banquetear y vestirse bien. Familias enteras se envanecían con el roquete y los zapatos de un monaguillo. El pueblo aplaudía entusiasta a las comparsas de niños, que trajeados de ceremonia recitaban loas o danzaban, componiendo con sus figuras cifras místicas, al compás de estrepitosas orquestas. Petardos, cajas, clarines y cascabeles que propagaban su sonoro escalofrío en el temblor de las gualdrapas, subían hasta lo deliran te la fanfarria clamorosa. Simulacros militares, encendían el atavismo bélico de la sangre aún montaraz; corridas de sortijas, autos en guaraní, toscas comedias, enteraban el programa, todo ello rematado por general comilona al aire libre, bajo las galerías que rodeaban la plaza.

La procesión del Corpus era especialmente suntuosa. El oficiante recorría la plaza, deteniéndose en multitud de sitiales, bajo cuyos camones de follaje aleteaban pájaros de los más brillantes colores, sirviéndoles también de adorno vistosos peces conservados en diminutas canoas. Los acólitos iban sembrando el piso con granos de maíz tostado, que imitaban blancas florecillas, y la dulzura del ambiente, que perfumaba el naranjal cercano, imprimía un sello de tierna unción a la fiesta.

Pero el carácter pueril de esa devoción resaltaba en todo, hasta en las iglesias, más suntuosas que sólidas; trabadas generalmente con barro, pero profusas de campanas, de imágenes, de dorados y de cirios. Baste saber que solo en las últimas construidas después de siglo y medio de dominio, se empleó argamasa para asentar los sillares.

La conquista no fue, sin embargo, enteramente pacífica, aunque presentó desde luego un notable contraste con los excesos laicos. También los P.P. redujeron por la fuerza algunas tribus; pero su método preferente era la seducción. Empezaban por no exigir sino el bautismo, sabiendo que en cuanto los indios cedieran algo, acabarían por otorgarlo todo.

A pesar de su dulzura, la mayor parte de las tribus quedó sin reducirse, sin que esto sea imputable a falta de tiempo, pues en el momento de la expulsión, los habitantes habían disminuido.

El sistema social vigente en las reducciones, fue el mismo de la Compañía; aunque sin duda facilitó su implantación, la nata con sus escasas tareas y la organización comunista de algunas tribus.

Tuvieron las reducciones su cacique cada una y sus autoridades a la española, pero todo aquello fue nominal. De hecho no había otra autoridad que los P.P., y todos esos alcaldes, corregidores y alféreces, jamás pasaron de una decoración política, sin la más mínima autoridad efectiva.

La situación privilegiada que el gobierno creó a los jesuitas en las reducciones, pudo notarse desde el primer momento por la exección de tributos. El de las encomiendas fue substituido, en efecto, por un impuesto de un peso[57] anual sobre cada hombre de dieciocho a cincuenta años. Esta carga única, exceptuaba todavía a los caciques y sus primogénitos, a los corregidores, y a doce individuos afectados al servicio de los templos. Con el diezmo, fijado en cien pesos anuales, concluía toda obligación fiscal.

Ahora bien, como en las reduciones el trabajo era obligatorio para todos, desde los cinco años, el de las mujeres y los niños, por escaso que fuera, quedaba como producto líquido, determinando así una competencia ventajosísima con los empresarios laicos.

Los encomenderos tenían que pagar un jornal de cuarenta reales[58] mensuales a sus indios, y cinco pesos por cada uno a la Corona, o comprar esclavos para explotaciones como la del azúcar, que solo aguantaba el negro; creándose entonces una situación de ojeriza comercial entre las dos conquistas. La Corona no supo conservar el equilibrio, procediendo más por corazonada' que por cálculo entre aquellos intereses: y el resultado de sus medidas, naturalmente inspiradas por los jesuitas, redundó al fin en perjuicio de los naturales.

---

57   El peso en cuestión valía, salvo las naturales fluctuaciones del cambio, 5 francos 446, a juzgar por su peso de 26 gramos 928 y su ley de 0,910 de fino, conforme a las equivalencias fijadas por la Convención internacional del Metro en 1875. El peso a que me refiero, es el anterior a 1772; pues desde esta fecha, su ley fue bajando progresivamente.

58   Cerca de 22 francos.

Estos fueron, o siervos de los P.P. a quienes se lanzó en la especulación comercial, con el privilegio que la hacía pingüe, o víctima de los odios despertados por la rivalidad entre laicos y religiosos. Su condición servil permanecía en ambos casos inconmovible.

IV - LA CONQUISTA ESPIRITUAL

No todos los indios aceptaron la dominación jesuítica. Optaron por ella, casi exclusivamente, aquellos más vejados por los encomenderos, buscando el alivio, ya que eran incapaces de proporcionárselo por sí mismos, en una servidumbre menos cruel. Los reducidos fueron, pues, una minoría, faltando a la obra aquellos más bravíos, es decir los más interesantes.

Las reducciones de Quilmes y del Baradero, tan próximas, no obstante, a Buenos Aires, fueron un fracaso; igual puede decirse de las que intentaron evangelizar la Patagonia; siendo las calchaquíes enteramente destruidas y saqueadas cuando la rebelión de Bohórquez, a pesar de que parecían aseguradas por un gran éxito industrial

Pasando por alto las tribus pequeñas no reducidas, como los salvajísimos nalimegas, los guatás, los ninaquiguilás, etc., y no contando sino las naciones que contenían muchas parcialidades, se tiene el siguiente resultado de rehacios:

Los guayanás, nación tan numerosa que se la creía formada por todas las tribus no guaraníes, siendo de notar que esta denominación comprendía entonces solo a los indios reducidos. Era gente docilísima, sin embargo; jamás causó daño a las reducciones, con las cuales vivía en continua relación, ayudando a los conversos en el trabajo de los yerbales mediante algunas baratijas.

Seguían por orden de su importancia numérica o guerrera, los charrúas; los tupies, tan huraños que se dejaban morir de hambre cuando caían prisioneros; los bugres; los mbayás; los payaguás,[59] los belicosos tobas: los feroces mocovies y otros muchos, sobre todo chaqueños.

La defección de los guanas y de los jarás, prueba cuán débiles fueron en realidad los lazos que los unían a aquella rudimentaria civilización.

Con inmenso trabajo habían conseguido los P.P. reducirlos, cuando un día se presentaron a su director, comunicándole que se hallaban resueltos

---

[59] Estos se llevaron siempre bien con los conquistadores laicos, llegando a vivir a unos pocos kilómetros de la Asunción en completa paz hasta el ataque que les llevó sin causa alguna el gobernador Reyes, hechura de los jesuitas. (Cap. V.).

a adoptar su antigua vida; pues el Dios que se les predicaba era una deidad muy incómoda, a causa de que estando en todas partes no había cómo librarse de su fiscalización.

El estado intelectual de aquellos indios, se revela con harta claridad en ese argumento.

Otra misión también fracasada fue la de los guaycurúes, salvajes belicosos cuya reducción habría convenido efectuar; pero los P.P. tuvieron que abandonarlos a los diecisiete años de esfuerzos infructuosos.

El aislamiento de las tribus, su miseria y sus rivalidades; el dominio laico establecido ya; las identidades religiosas hábilmente explotadas, eran circunstancias favorables a la reducción Los P.P. habían encontrado que el Pay Zumé, vaga deidad a la cual rendían cierto culto los guaraníes, no podía haber sido otro que el apóstol Santo Tomás (padre Torné} adaptando a la región una de las tantas leyendas religiosas que el fanatismo dominante creyó notar esparcidas por las selvas americanas, a favor de caprichosas semejanzas eufónicas entre las lenguas, o de coincidencias mitológicas —como el hallazgo de las dos tribus hebreas, perdidas desde el cisma de Roboam, el rastro evangélico que se creía determinar en el uso indígena de la cruz como símbolo religioso, y aquella pretendida predicación de Santo Tomás.

Tuvo su éxito la leyenda, que los P.P. aplicaron a su sabor y quizá de buena fe, aprovechando el tradicionalismo forzosamente confuso de tribus sin literatura. La veneración de la cruz (que era igualmente quichua y calchaquina) se las había enseñado el apóstol; sus huellas quedaban grabarlas en las areniscas, y era él quien les había dado la posesión de aquellas tierras. Esto último lo alegarían después los indios como argumento, ante los comisarios ejecutores del tratado de 1750.

Su cosmogonía infantil, así como su creencia en la inmortalidad del alma y su temor a los espectros, se prestaban a cualquier adaptación en poder más listo; su falta de patriotismo, en el sentido elevado que hace de este sentimiento una fuerza, y la facilidad con que todos entendían el guaraní, tronco de sus dialectos, agregaban nuevas facilidades a la obra evangelizadora. La misma poligamia, que es el obstáculo más arduo de las misiones, no pasaba, para la mayoría, de una aspiración casi nunca realizada.

Cuando los PP. se convencieron de que la seducción bastaba para atraer a los guaraníes más salvajes no obstante su inmediación, echaron mano, como dije, de medios más expeditos.

Uno de ellos fue la compra do los prisioneros de guerra que las tribus se hacían, aun cuando ello implicaba fomentar la discordia; pues lo esencial era, como se advierte sin esfuerzo, el establecimiento del Imperio. Otro consistió en el empleo de neófitos ladinos, que procuraban introducirse en las tribus para inducirlas al nuevo estado. Los indios que conseguían atraer a su culto, daban el pretexto para una intervención más decisiva.

Llegaban entonces los P.P. a la tribu, diciéndose atraídos por la fama del cacique a quien lisonjeaban y regalaban, produciendo entre todos la consiguiente agitación.

Cualquier incidente sucesivo —la protesta del hechicero que, por de contado, se alzaba contra los intrusos, la negativa del cacique solicitado, su coacción sobre los flamantes conversos— eran interpretadas con carácter agresivo, justificando la intervención de las armas.

Los P.P. unían en su obra lo divino a lo humano, con fino espíritu práctico, y nunca la emprendían sin el correspondiente concurso militar Ya los que entraron a la Guayra en 1609, llevaban su escolta de mosqueteros.[60]

Quedaban, por lo demás, los otros arbitrios del caso para apoyar la acción bélica. Sucesos impresionantes, como las borrascas, estampas que representaban los tormentos del infierno o la bienaventuranza de los santos, aplicados con oportunidad al asunto y en fácil competencia con míseros hechiceros, les daban pronto la ventaja. Estos eran, sobre todo, médicos; y es de imaginar cómo saldría aquella ciencia, base de su prestigio, en pugna con hombres civilizados y sagaces cuyos actos resultaban milagrosos en relación.

Las acciones de guerra, no producían sino triunfos; y fueron combates célebres de aquellos tiempos, los que el bravo guaraní Maracaná, dirigido

---

60   En una carta dirigida al gobernador de Buenos Aires (1746) el P. Cardiel elogia la dedicación que la Corona protegió siempre a las misiones del nuevo mundo, enviando ministros evangélicos y señalando en casi todas las provincias buen número de soldados que les sirvan de escolta en sus ministerios. Pues además de los muchos que tienen pagados para esto en Filipinas, Marianas y México... En Buenos Aires tiene pagados para lo mismo 50 con su capitán... Todos estos soldados de todas estas provincias, son para solo los misioneros jesuitas y no de otra religión.

por los P.P., libró, saliendo victorioso, contra los caciques Taubici y Atiguajé. El primero, que era brujo además, fue arrojado a un río con una piedra al cuello.

Tres otros más, Yagua-Pitá, Guirá-Verá y Chimboi, muertos los dos primeros en pelea y gravemente herido el otro, acabaron de cimentar el prestigio de los P.P., hasta bajo la faz militar. Llegaron a sostener verdaderos sitios, en campos atrincherados y con buena táctica, como lo demostró el P. Fildi en su lucha contra Guirá-Verá.

Escasas fueron las represalias, contándose en total cinco asesinatos de misioneros: los padres González, Mendoza, Castañares, Castillo y Rodríguez[61]. Las leyendas milagrosas pulularon en torno de estos sucesos. Decíase que el corazón del P. González había hablado desde su fosa, y que el fuego se negó a consumir su cuerpo. El celo de los misioneros se avivó con esto, habiendo algunos que, en su lecho de muerte, lamentaban no haber recibido el martirio.

Pero la masa cedió en todas partes con notable docilidad, aunque no creo, como sostienen los escritores clericales, que fue organizada por los jesuitas en la única forma posible, dadas sus condiciones morales.

Se ha pretendido, en efecto, que el comunismo estaba requerido por su naturaleza ociosa e imprevisora; el aislamiento, por su variabilidad que constantemente la exponía a intentar aventuras fuera del patrocinio jesuítico; la adopción exclusiva de su idioma, porque no toleraba el español. Será así; pero el caso es que no hay indicio de un solo ensayo contradictorio, útil por demás, si no se quería hacer del indígena un incapaz en perenne tutela.

Mi opinión es que los P.P., tomando coma base de organización social la de su propio instituto que lógicamente les parecería la mejor, hicieron de las reducciones una gran Compañía, en la cual no faltaban ni el comunismo reglamentario, ni el silencio característico. En los pueblos no se cantaba sino los días de precepto, y hasta los juegos de los niños carecían de espontaneidad. Todo estaba reglado a son de campana, y a la voluntad exclusiva de los religiosos.

---

61   Ver (Cap. V.) el asesinato que en represalias del ataque del gobernador Reyes, cometieron los payafúas con los jesuitas Silva y Mago. Estos no entran ya en el cuadro de la conquista espiritual.

La evangelización se detuvo, en cuanto el éxito que aseguraban los privilegios concedidos por la Corona, y la fertilidad del país, determinaron el carácter proficuo de la empresa. El ideal místico cedió entonces el campo al económico, por más que continuara influyendo con su prestigio ya probado, al éxito de este último. Entonces, toda la actividad de aquellas factorías religiosas se consagró a buscar la salida marítima, que la conquista laica había intentado con la expedición de Chaves, por el Mamoré y el Marañón, En este propósito iba a experimentar su primer revés.

Algunos deportados lusitanos y piratas holandeses, habían fundado en la provincia brasileña de San Pablo, una especie de colonia libertaria, que se mantenía explotando a su guisa el trabajo de los indios. El choque era inevitable entre aquellas dos fuerzas que iban hacia el mismo fin, usando medios de todo punto opuestos. Eran el self made man de un tipo, contra el de otro antagónico, y se disputaron la supremacía con encarnizamiento mortal.

La humanidad y la civilización tienen que estar con los jesuitas en esa lucha, pues ellos representaban la defensa del débil contra semejantes hordas de facinerosos sin ley; mas el problema que aquella implica, no es solamente sentimental. Reside ante todo en la desigual condición que creaba a los «paulistas» el privilegio jesuítico, con sus exenciones contributivas, y la intervención del gobierno para poner bajo tal influjo a los indios[62].

Tremenda fue su invasión de la Guayra. Entraron a sangre y fuego, con ánimo de arrasar para siempre el foco rival, y lo ejecutaron casi sin oposición. Aquella soldadesca sugería horrores salvajes con su desarrapada masa, su armamento irregular hasta lo monstruoso, sus morriones de cuero crudo y sus corazas de algodón[63].

Lleváronse de calle toda resistencia, maltratando a los jesuitas que procuraron detenerlos, y aun asesinándolos como al P. Arias. Ni los ornamentos sagrados con que los encontraban revestidos, eran poderosos a contenerlos. Saquearon y profanaron lo mismo los hogares que las iglesias. A un tiempo destruyeron las reducciones de la Guayra y del Tape; mas como toda montonera, carecieron de constancia, y hartos de botín no pensaron sino en gozarlo. A esto debieron los P.P. la relativa eficacia de su retirada.

---

62   Recién en 1679, se limitó a 12.000 arrobas la exportación de yerba de los pueblos jesuíticos, que la habían hecho alcanzar a 50.000.

63   Como en el canto X de la Iliada, vs. 257-265, donde se elogia los cascos de cuero.

No obstante, el golpe fue espantoso. Los montes quedaron llenos de niños y de moribundos, que se rezagaban del rebaño de esclavos conducido en insolente triunfo. A sesenta mil lo hacen llegar los jesuitas contemporáneos. En vano el P. Maceta se trasladó al Brasil en demanda de justicia. No la había contra los montoneros enriquecidos que ya empezaban a hablar de un nuevo ataque. Aquel 110 tuvo otro recurso que regresar, para evitarlo con la fuga, decidiéndose en consecuencia el abandono de las trece reducciones guayranas.

Bajo las órdenes del P. Montoya, doce mil personas, con setecientas barcas, se movieron aguas abajo del Paraná, en dirección al actual territorio de Misiones. Memorables fueron aquellas jornadas por sus peripecias trágicas, como el destrozo de las canoas en las rompientes de la gran catarata, y la peste que azotó a los expedicionarios. Estos hasta debieron suspender su viaje, durante toda una estación, mientras sembraban y recogían lo necesario para mantenerse: y si algo resalta con admirables caracteres en ese éxodo colosal, es la figura del P. Montoya, apóstol digno de la epopeya por su heroísmo y por su genio.

Las orillas del Yababirí, adonde arribaron por último los emigrados, sustentaban diez reducciones desde 1611. Allá fueron acogidos; empezando recién con su establecimiento la existencia firme del núcleo central del Imperio, y las fundaciones definitivas que, andando el tiempo, serían los treinta y tres pueblos célebres. Las trece primeras recibieron los mismos nombres que las abandonadas de la Guayra, estribando en esto, sin duda, los errores cronológicos de Azara y de sus secuaces.

Así, pues, el centro del Imperio se había desplazado; pero aquellos hombres, con un tesón digno seguramente del triunfo, no abandonaron su proyecto.

Treinta años después, florecía ya vigorosa la conquista espiritual en el nuevo territorio, a través del cual, y dominando ambas márgenes del Uruguay, penetraba otra vez por el Brasil cuya costa buscaría, sin perder su objetivo, a la altura de Porto Alegre.

Una vez reorganizada, su rendimiento fue más que satisfactorio, como va a verse: aunque resulte tan exagerado atribuirle un carácter comercial exclusivo, como negárselo del todo. En realidad, los P.P. no tenían por qué rehusar un justo provecho, con mayor razón cuando no era para su enriquecimiento personal.

Los escritores clericales se han empeñado en demostrar, exagerando 4 mi ver su objeto, que los indios andaban muy livianos de trabajo con aquel régimen, disfrutando, mejor dicho, de un ocio disimulado. No lo indica así el rápido progreso de las Misiones, donde los P.P. eran además muy pocos (dos comúnmente en cada una) para que su trabajo personal influyera. Si la dificultad está en conjeturar el paradero de sus saldos favorables, yo no la veo. Al fin, aquella era una obra humana, y no me parece que se dezluzca por un éxito más, como sería el industrial. Su producto amonedado, iría naturalmente a poder del generalato, invirtiéndose en bien de la orden y de la religión; porque en cuanto a existir utilidad, ella es evidente[64].

Una estricta economía imperaba en las reducciones Todos los productos eran almacenados, proveyendo los P.P. a la manutención de cada una, con la administración de los depósitos, y enviando el resto a Buenos Aires, de donde volvían en retorno electos de consumo y ornamentos, previa deducción del tributo eclesiástico y civil.

Pero las necesidades de la población no eran grandes. Como tejidos, usaba exclusivamente e) algodón, producido y labrado allá mismo, y andaba toda descalza Su alimentación era también producto de la tierra, con la excepción única dé la sal, que se importaba; sus viviendas no requerían ningún material extranjero; armas y pólvora, allá se fabricaban; lujo, no existía, pues la vida era para todos reglamentariamente igual, y en cuanto a los objetos del culto, estos, por su propio destino, exigen pocas reposiciones.

Ahora bien, solamente los yerbales de los siete pueblos situados en la margen izquierda del Uruguay, estaban estimados en un millón de pesos; los algodonales eran vastísimos; las dehesas muy pobladas; la industria daba para exportar tejidos y artefactos a las comarcas limítrofes. Las reducciones producían, pues, mucho más de lo que gastaban.

---

64   Falta el dato exacto, que solo habría podido ser suministrado por el archivo jesuítico. Mucho se ha bordado al respecto, no faltando quien asegurara que dicho documento se hallaba en una estancia de Entre Ríos; pero los P.P., que recibieron noticias de su expulsión un año antes de efectuarse, tuvieron tiempo de enviarlo a Roma, donde estará seguramente. Los inventarios de los comisionados reales poco dan de si, pues certifican un estado de cosas dispuesto con anticipación por los P.P.

Doblas, que las conoció ya en decadencia, hizo un cálculo de los gastos y recursos cuyo promedio podía atribuirse a cada pueblo, y esto será mi base para estimar la producción total, no solo porque se trata de datos oficiales en los que no cabe suponer exageración, pues allá habría redundado en todo caso contra su autor[65], sino porque este era más bien amigo de los jesuitas.

Calculaba el citado funcionario el gasto de un pueblo de 1200 habitantes[66], en 8000 pesos anuales, incluyendo sueldos de administración y de curato, que no existían en tiempo de los jesuitas; y el producto en 40 a 50 pesos por habitante, más 3000 de los ganados.

Suponiendo mil personas de trabajo, para descontar doscientas por enfermas e impedidas, pues todo el mundo se ocupaba desde los cinco años, queda a favor de la producción un saldo de 30.000 pesos en números redondos.

Durante el dominio jesuítico, la población do las reducciones alcanzó a 150.000 habitantes (en 1743) pero no quiero contarla sino por 100.000 —aunque ya en 1715 subía a 117.488— para atribuir al resto los niños menores de cinco años y los enfermos, muy escaso» por lo demás, dada la salubridad del clima.

Incluyendo en los 40 pesos[67] por habitante, que Doblas señala como el término más bajo de su estima, el producto de los ganados también, resultan 4.000,000 anuales.

Pongamos un millón de gastos. En realidad serían 668.000 pesos exactamente; pero debe agregarse a esta suma los dispendios ocasionados por las fiestas patronales, que calcularé en 1.000 pesos cada una para no regatear, pues Doblas asignaba de 3 a 400 a las más modestas. A una por pueblo, son 33.000 pesos; quedando todavía más de 300.000 como exceso favorable; al cual puede imputarse las mercaderías y ornamentos importados.

Y bien; con todas estas concesiones, el resultado es estupendo todavía; pues no contando sino desde 1700, a pesar de que antes de esta fecha la producción era ya muy fuerte, salen más de doscientos millones líquidos.

---

65   Era teniente de gobernador del departamento de Concepción, uno de los cinco en que fueron divididas las Misiones para su administración laica.

66   Ya se recordará que el promedio de población era triple en la época de los jesuitas.

67   218 francos.

Doblas era comerciante y sabría apreciar bien; pero rebájese su cálculo de producción a la mitad; exclúyase la circunstancia de haber sido verificado durante la decadencia del Imperio, y siempre se tendrá cien millones en sesenta y siete años; lo cual, dado el valor de la moneda en aquella época, representa una sólida explotación[68].

No es cierto, pues, que el producto de las reducciones, se invirtiera todo en su provecho. Aun asignándoles gastos exagerados, como acaba de verse, estos no llegan ni con mucho a equipararlo.

La cría de ganados alcanzó en ellas una importancia notable. Los campos de Corrientes y Río Grande se poblaron de estancias, con veinte y treinta mil cabezas cada una; pero como a todos los pueblos correspondía un plantel para el consumo, los del actual territorio de Misiones tenían que importar sal necesariamente. Creo que el sistema de evaporación, mencionado en el Capítulo II, debió de suministrarla para los ganados, siendo muy económico, así como el transporte que se haría en carretas por los excelentes caminos de la época.

Unas reducciones explotaban de preferencia la ganadería y otras la agricultura, en las producciones generales del territorio, siendo las más importantes la yerba y el algodón. Había cañaverales de azúcar, pero no sé que los trapiches suministraran este producto; su rendimiento casi exclusivo, en todo caso, fue de melaza, tal como sucede hoy. El bosque daba también yerba, si de calidad inferior a la hortense, en cantidad mucho mayor; y su transporte se verificaba por los ríos hasta Bueños Aires, en monstruosas jangadas que cargaban hasta cien mil kilogramos y navegaban casi al azar de la corriente.

El monopolio jesuítico era absoluto, pues en las reducciones no circulaba moneda alguna.[69] Como, por otra parte, la entrada de comerciantes en ellas se hacía casi imposible, pues de las treinta y tres solo podían comerciar libremente seis, en la margen derecha del Paraná, los P.P. eran los únicos exportadores; naciendo de aquí su interés, así en dominar los dos ríos, como en tener por suya la salida al Océano.

---

68   El promedio equitativo sería de $ 300.000.000 (1.600.000.000 de francos) durante el siglo de trabajo pacífico que puede asignarse a las reducciones.

69   Se había establecido una equivalencia entre una determinada cantidad de productos y la unidad monetaria, lo cual recibía el nombre de «peso hueco». Tres pesos huecos equivalían a un patacón (5 francos 446).

Se ha dicho que el comunismo aquel, constituía la felicidad misma, al no admitir pobres ni ricos; y ello resultara discutible, de haber sido los indios sus propios administradores. Pero bajo la tutela absoluta de los P.P., quienes disponían sin limitación de las ganancias, aquello no fue otra cosa que un imperio teocrático, en el cual todos eran pobres realmente, excepto los amos.

Ni la comida tenían suya, como estos no se la concedieran; el vestido era un uniforme sumamente ligero: calzón, camisa y gorro de algodón para los hombres; para las mujeres un tipo y de la misma sustancia —y ya dije que todos iban descalzos. La alimentación, casi enteramente vegetal, era un ordinario de mote y mandioca, bueno y abundante.

En todo se mostraba la disciplina monástica, a la cual concurrió con eficacia el aislamiento. Desde el territorio, arcifinio como era, hasta el idioma indígena, conservado con exclusión rigurosa del español, las circunstancias convergían al mismo fin. La salida marítima, tan empeñosamente buscada, tenía, fuera de su importancia comercial, un objeto idéntico.

Buenos Aires formaba un escollo permanente al propósito teocrático, por el espíritu liberal que le venía de sus relaciones con el comercio hereje y por el contrabando de libros prohibidos; siendo por otra parte los jesuitas, la más pequeña de las comunidades. Evitarlo, formaba parte del proyecto general, con más que así escapaban al control de la autoridad civil.[70]

Aquel poderío en aquel aislamiento, dio al Imperio una existencia indiscutible en el hecho, bien que políticamente formara parte de la monarquía española. El único obstáculo a la autonomía, hubiera sido el gobierno aquel; pero como los jesuitas le realizaban aquí su ideal del Imperio Cristiano, lejos de impedírselo los incitaba más cada vez. Y de tal modo era estrecha esta relación, que el auge de las Misiones empezó coincidiendo con una idea dominante del monarca, perfectamente clara como indicio sincrónico: el dogma de la Inmaculada Concepción, ideal teológico de los jesuitas.

El Superior de las reducciones era nombrado directamente desde Roma por el general de la Compañía, con entera independencia de la iglesia local. Residía en Yapeyú, con todas las potestades de un obispo, pues hasta faculta-

---

70   No obstante, después que la revolución comunera de que se hablará más adelante puso de manifiesto el odio paraguayo hacia los jesuitas con la Intensidad expresada por el P. Lozano, el real rescripto del 6 de noviembre de 1726 puso las reducciones bajo la jurisdicción de Buenos Aires; pero fue una medida de política ocasional, que preludiaba probablemente la autonomía definitiva.

do estaba para administrar la confirmación. El obispo Cárdenas, y Antequera, para recordar sino los conflictos más célebres, experimentaron el poder de los P.P., siendo echado de las reducciones el primero y malogrado así su objeto de fiscalizarlas; en tanto que el segundo, dejó la cabeza en la demanda. Pero debe agregarse que la orden no perdió en su aislamiento discrecional la disciplina característica. Castos y sobrios, sus miembros predicaban con el ejemplo. Su tendencia estudiosa no se relajó al contacto enervante de la selva, residiendo ante todo su prestigio en el talento y en la virtud.

Uno de ellos, el P. Suárez, cosmógrafo distinguido, se construyó por su propia mano los instrumentos más necesarios de su ciencia: anteojos hasta de cinco pies, y un reloj astronómico, que marino tan competente como Alvear, tuvo por obra notable.[71]

Hay todavía restos de cuadrantes solares en los pueblos jesuíticos. Puedo mencionar entre otros, uno restaurado de San Javier; otro bastante destruido en Concepción, pues el cubo donde está trazado lo picaron a cincel en busca de tesoros; y uno en la iglesia de Jesús (Paraguay) que los jesuitas dejaron inconclusa. Estaba dedicado, sin duda, a regular el trabajo de los constructores, pues para trazarlo se había revocado provisoriamente un pedazo de pared, donde iba a servir ínterin se llegaba a cerrar la bóveda.

Varias imprentas editaban libros religiosos, teniéndose noticias de cinco, que fueron instaladas en San Miguel, Santa María, San Javier, Loreto y Corpus, a no ser que se tratara de un mismo taller translaticio, como creen otros y me parece más probable. El carácter de sus impresiones, como podrá verlo el lector, no di feria del dominante en aquella época. Mis ilustraciones proceden de la Historia y Bibliografía de la Imprenta en la América Española por José T. Medina, obra que me señaló como lo mejor para mi objeto, el director de nuestra Biblioteca Nacional, señor P. Groussuc, cuya cortesía agradezco de paso; ambas reproducen facsímiles del célebre libro místico del P. Juan Eusebio Nieremberg, De la diferencia entre lo Temporal y Eterno, etc., traducido al guaraní por el S. ,J. José Serrano. El texto per-

---

71   Tal vez era el mismo de Itapúa que fui lavado a la Asunción, ignorándose su paradero. El mismo religioso publicó en Barcelona en 1752, bajo el titulo de Lunario de un Siglo, un almanaque astronómico para las visiones, aplicable desde 1740 hasta 1841 y prorrogable hasta 1903. La hora está regulada en él por el meridiano del pueblo de Mártires y comprende observaciones efectuadas desde 1706. Es una notable obra cosmográfica, cuya dedicatoria a la Compañía, y cuya introducción, revelan por otra parte un literato y un hombre de ciencia nada común.

tenece a la primera página,[72] y la lámina, una de las cuarenta y cuatro que lo ilustraban, a la 96; habiéndolos preferido, por tratarse de la obra tipográfica más considerable que produjeron las imprentas de las reducciones en su corto funcionamiento. Este apenas alcanzó, en efecto, a veintidós años (de 1705 a 1727) sin que se sepa a ciencia cierta por qué fueron suspendidas las publicaciones; pero el ya citado Semanario de un Siglo, que el P. Suárez editó en Barcelona en 1752 demuestra que, por esta época, ya no había imprentas en las Misiones. Poco dado a las novedades sin objeto, he preferido una modesta reproducción de aquellos trabajos, con tal que ella presente al lector el mejor ejemplar posible.

Había también escuelas en todos los pueblos: pero así estas como las imprentas, empleaban únicamente el guaraní. Los libros de los P.P. eran naturalmente en latín y venían de Europa en su mayor parte.

La uniformidad topográfica de los pueblos, no manifestaba sino leves excepciones.

---

72   El texto guaraní dice lo siguiente:
«La ignorancia que hay de los bienes verdaderos, y no solo de las cosas eternas sino de las temporales.»
«Para el uso de las cosas ha de preceder su estima, y a su estimación su noticia, la cual es tan corta en este mundo, que no sale fuera de él a considerar lo celestial y eterno para que fuimos criados. Pero no es maravilla que estando las cosas eternas tan apartadas del sentido, las conozcamos tan poco, pues aun las temporales que vemos y tocamos, las ignoramos mucho. ¿Cómo podemos comprender las cosas del otro mundo, pues las de este en que estamos no las conocemos? A esto puede llegar la Ignorancia humana, que aún no conoce aquello que piensa que mas sabe. Las riquezas, las comodidades, las honras, y todos los bienes de la tierra que tanto manejan y codician los mortales, por eso las codician, porque no las conocen. Razón tuvo San Pedro cuando enseñó a San Clemente Romano, que el mundo era una cosa tan llena de humo, en la cual nada se puede ver; porque así como el que estuviese en semejante casa, ni vería lo que estaba fuera de ella, ni lo que estaba adentro, porque el humo estorbarla la vista clara de todo; de la misma manera sucede que los que están en este mundo, ni conocen lo que está fuera de él, ni lo que esta adentro; ni entienden cuánta sea la grandeza de lo eterno, ni la vileza de lo temporal, ignorando igualmente las cosas del cielo como las de la tierra, y por falta de conocimiento truecan los frenos en la estimación de ellas, dando lo que merecen las eternas a las que son temporales, y haciendo tan poco caso de las celestiales como se debe hacer de las perecederas y caducas, sintiendo tan contrario a la verdad, como nota San Gregorio, que al destierro de esta vida tienen por patria, a las tinieblas de la sabiduría humana por luz, y al curso de esta peregrinación por descanso y morada; siendo causa de todo esto la ignorancia de la verdad y poca consideración de lo eterno. Por lo cual a los males califican por bienes y a los bienes por males. Por esta confusión del juicio humano rogó David al Señor que le diese de su mano un maestro que le enseñase, etc»

110

Una plaza de 125 metros por costado, con la iglesia, el convento y el cementerio en uno de ellos. En los tres restantes, casas generalmente de piedra, con galerías corridas que permitían andar a cubierto.

Desembocaban a la plaza, calles formadas por dos hileras de habitaciones. Cada hilera estaba aislada, siendo variable, y hasta irregular el ancho de las calles intermedias sombreadas por naranjos, tanto más necesarios, cuanto que se cocinaba frente a las puertas. Dichas hileras formaban manzanas, lo cual daba al conjunto un aspecto enteramente rectangular. Las calles no tenían veredas[73].

Las casas, con una puerta al frente y una ventana a su lado, constaban, pues, de una sola habitación que no comunicaba con las vecinas. Estas puertas, daban además al muro trasero de las que formaban la hilera subsiguiente, con el objeto, según parece, de evitar el comadreo. Sin embargo, en las ruinas paraguayas de Jesús y de Trinidad, algunas tenían ventanas y aun puertas al fondo.

Construidas con gruesos bloques de piedra tacurú, cuya disposición prismática se aprovechaba, acabando de labrarlas en esta forma, su mortero más común era el barro. Tampoco lo necesitaban mucho, dado el amplio basamento de aquellos sillares, y por lo general no se lo empleaba sino para tomar las junturas[74].

Otras eran de piedra, nada más que hasta la mitad de los muros, formando una gruesa tapia el resto; muy pocas de arenisca, y estas solo en los pueblos de más reciente fundación; bastantes de tapia y de adobe. Los techos, de tejas solidísimas, que en ciertos pueblos se conservan aún a millares, eran de dos aguas, muy rápidas por causa de las lluvias continuas, lo cual exageraba su aspecto de capuchas; y las fachadas de algunas viviendas de las plazas, ostentaban cresterías formadas por medias lunas de piedra. Por lo común el piso era de tierra; pero las principales, así como las celdas de los P.P., estaban soladas con baldosas exagonales, muchas enteras todavía, del propio modo que sus almorrefas correspondientes. Casi en ninguna se usaba revoque, con excepción de las que encuadraban la plaza, teniendo estas, además, por adorno, un llorón de alto relieve en el tímpano. La capacidad

---

73   Ver el plano de San Carlos.

74   Ver para más detalles el Capítulo sobre las ruinas. Los muros en cuestión pertenecen al tipo ciclópeo que Schllemann en su "Micenas", clasifica de primero y tercer periodo.

media era de cinco metros por cinco, y cada cual bastaba a una familia. Pesadas puertas de urunday completaban el edificio. Su interior era muy fresco, así por el gran espesor de las paredes, como por el cañizo que formaba su plafón; pero reinaba en él una suciedad verdaderamente indígena. Excavando en las ruinas, para dar con el piso antiguo, se encuentra, al alcanzar su nivel, los trozos de baldosa todavía cubiertos de hollín y de pringue. El aspecto exterior debía de ser muy pintoresco, por el contraste de los tejados rojos con el verdor metálico del naranjal. Acentuaría esta impresión la aspereza leonada de los muros, con su matiz de cemento antiguo, cuando no el suave rosa del gres, dando cierto carácter grandioso al conjunto la recia fábrica de aquellos edificios. Los muros, atizonados con fuertes machos de urunday, han resistido a todos los azotes, enlazados sus sillares sin desencajarse, por raíces de árboles que vinieron a buscar en sus junturas la tierra negra del mortero. Son ahora robustos ejemplares —higueras silvestres, naranjos y hasta cedros, que se balancean en agreste intrusión sobre ese arrasado salmer o aquella desequilibrada imposta.

Una poderosa tapia, o un foso profundo, defendían los recintos, sobre todo aquellos situados en la costa del Uruguay y más expuestos,, por consiguiente, a las incursiones mamelucas.[75] A veces se combinaba las dos defensas, soliendo ser el foso una continuación de los arroyos entre los cuales estaba situado casi siempre el pueblo, y cuyos inexpugnables sotos- componían una trinchera natural.

El lector tiene a la vista un plano de la antigua reducción de San José, cuyas líneas de defensa he reconstruido, considerándolas un caso- típico de combinación entre la muralla y la zanja, servida y completada esta por arroyos de vado muy estrecho.

Las ruinas son un montón informe de tierra, pues en aquel pueblo predominó la tapia; de modo que el plano se limita a calcular su distribución dada el área que abrazan y la capacidad de ciertas habitaciones, vagamente determinadas por la situación de algunos machos- enhiestos, sin pretender fijar exactamente otra cosa que la trinchera.

A distancias variables entre quinientos y dos mil metros del pueblo mismo, estaban los puestos que vigilaban el potrero inmediato; las atalayas situadas con buen artificio; las ermitas- en que se recluían los penitentes para

---

75   Los invasores de San Pablo eran llamados también mamelucos.

sus prácticas, o adonde iban ciertas procesiones como la de Via-Crucis; las canteras de asperón o de escoria y una o dos fuentes para baños y lavaderos.

Manantiales captados con la mayor solidez en pequeñas cisternas de piedra, formaban estas fuentes, cuyo piso empedrado se encuentra a poco de sondearlo, así como sus bordes de piedra labrada. Más adelante hallará el lector la descripción de una.

Preferíase para situar la población una meseta, por razones de salubridad y de vigilancia; y tanto esta posición como las defensas, y la distribución de los edificios que los jesuitas ajustaron extrictamente a la ley[76], daban a los pueblos esa perfecta igualdad notada por los viajeros en las ciudades chinas; pues de tal modo gobiernan las ideas al mundo, que el espíritu quietista prodúcelos mismos efectos materiales a través del tiempo y del espacio.

El convento, agregado a la iglesia, estaba dividido en dos porciones correspondientes a otros tantos grandes patios. En el primero, vasto rectángulo de 60 ms. X 40, regularmente, se hallaban las celdas, de 6 ms. X 6, todas blanqueadas y con argollas fijas en los muros para colgar hamacas. El claustro era de una arquería pesada y suntuosa; y sus pilares de 0.20 a 0.40 ms. de cara, tenían hasta 4 ms. de elevación.

Hallábanse así mismo en este patio, el depósito común del pueblo, la armería y la escuela. El refectorio tenía un sótano espacioso, muy requerido por el ardor del clima. Caminos subterráneos ponían además en comunicación al convento con el pueblo, sin duda por razones de vigilancia sobre los indios; otro iba a dar a la cripta, que caía bajo las gradas del altar mayor, y en la cual se depositaba los restos de los P.P. solamente. Calculaban estos sepulcros para mucho tiempo, pues la de Trinidad (Paraguay) tenía quince, y ya se sabe quo solo había dos P.P. por reducción.

En el segundo patio estaban los talleres de diversos oficios, contándose entre estos, pintores, doradores, escultores, fabricantes de utensilios en cuerno y madera y hasta relojeros. Remataba la distribución una quinta que era verdaderamente magnífica, durando hasta hoy sus naranjales.

---

76   La ley XVII de Indias, ordenaba que la arquitectura de las casas, en las poblaciones del Nuevo Mundo, fuera enteramente Igual.

La pompa de aquellos pueblos estaba en la iglesia, suntuosa y espaciosísima, de tres y cinco naves, variando sus dimensiones entre 70 metros de largo por 20 de ancho (San Luis en el Brasil) y 74 por 27 (Trinidad en Paraguay)[77].

Eran tan ricas, que cuando el general Chagas saqueó los diez pueblos de la margen izquierda del Uruguay en 1R17, no obstante haber sido depredadas ya las iglesias por sacristanes y comisionados de la Corona, pudo enviar a Porto Alegre, como botín de guerra 579 ornamentos de plata que dieron un total de 750 kilogramos.[78]

Suntuosa era su decoración, así corno la indumentaria de sus imágenes, toda en terciopelo y brocado. Los ornamentos, hasta las campanillas, eran de plata. Las paredes adornadas con vivas pinturas y los retablos profusamente dorados, hacían resplandecer el interior como un cofre de joyas bajo el resplandor cirial de las fiestas. Algunas poseían órganos de madera, construidos allá mismo bajo la dirección dé los P.P. Los púlpitos y los confesonarios, verdaderamente erizados de adornos que variaban desde los lazos y lambrequines de un plateresco recargadísimo, hasta las más profanas cariátides, entre las cuales contaban faunos y sirenas; la profusión de santos y candelabros completaban aquella impresión de pompa; y un alfarje de artesones riquísimos, revestía la bóveda con su dorado cedro.

Afuera se dejaba desnuda la piedra, con excepción de la cúpula y a veces del frontispicio. Adornaba los muros una profusión de nichos, con imágenes de asperón bastante bien esculpidas. El campanario de madera o de piedra, cuadrado o redondo, tenía muchas campanas —nunca menos de seis— fundidas algunas con cobre de la región; un atrio, empedrado con losas de arenisca, daba acceso al templo; el pórtico estaba sostenido por pilares de urunday, que dan idea de los árboles en cuyos troncos fueron labrados. En Mártires queda enhiesto uno de 7.50 ms. y en Trinidad hay dos de 9 X 0.60 de cara. Una barbacana que reforzaban columnitas abalaustradas, circuía todo el edificio. Los muros eran de tapia en las iglesias más antiguas, como la de San Carlos; de mampostería seca en piedra tacurú, como la de Apóstoles; de lajas y sillares de asperón asentado en barro, como la de San Ignacio; de sillares de asperón, tomadas las junturas con cal, como la de Trinidad; del mismo material asentado en argamasa, como la inconclusa de

---

77   Calculando tres personas por metro cuadrado, resulta que esta iglesia podría contener seis mil: los habitantes de un pueblo entero.

78   Ver el Capítulo siguiente.

Jesús; siendo de notar que solo en estos dos últimos tipos, están descargados por poderosos estribos. Inmediato a ellas se extendía el cementerio, con sus tumbas cubiertas por lápidas de arenisca que llevaban inscripciones en latín o guaraní. Una cruz de piedra lo coronaba generalmente. Sobre él daban los calabozos, de una solidez aplastadora y muros hasta de 2.50 ms. do espesor, que aislaban enteramente al preso hasta de los rumores mundanos. En una especie de ermita, situada bajo el bosque que circunda las ruinas de San Ignacio, se encontró una barra de grillos remachados, siendo de croer que se trataba de un presidio[79].

Considero oportuno decir dos palabras a propósito, sobre los subterráneos jesuíticos. Ellos han atizado, junto con las minas y los tesoros ocultos, la fantasía de la región[80]. Ya he dicho el destino que en mi opinión tenían, aunque por allá se asegura una cantidad de cosas espeluznantes. Puede que sirvieran alguna vez de cárcel, mas no creo que se halle gran cosa al explorarlos. Conozco dos: el de Santa María y el de San Javier. Aquel sigue la línea de una ruina que debe de haber sido un salón del convento. Tendrá 12 ms. de longitud, estando obstruido por un derrumbe, y 4 de profundidad. Es un angosto pasadizo subterráneo, revestido de piedra tacurú. El de San Javier tiene todo el aspecto de una bodega. Su entrada está reducida por los derrumbes a un agujero de U.30 ms. Es de bóveda muy recia, también en piedra tacurú, y mide 6 ms. de largo por 2 de ancho. En sus paredes hay diversos nichos, quizá ocupados en su época por pequeñas imágenes, pues dada su situación me inclino a creer que fuera una especie de sacristía subterránea. Es muy húmedo, pero se respira en él sin dificultad; y la media docena de murciélagos que lo habita, no forma obstáculo alguno. Hasta le da su detallito macabro, que los espíritus románticos pueden apreciar con discreto horror...

Tal vez los P.P., tan cuidadosos siempre de conservar en el indígena la idea de poderío, impresionándole a la vez con espectáculos conmovedores, aprovecharían en ciertas ocasiones aquellos pasadizos para mostrarse de súbito

---

79   Estos grillos están en nuestro Museo Histórico, lo propio que los siguientes objetos: dos santos de madera; dos cabezas de piedra; una bala de plomo; dos de piedra: la cerradura de la antigua iglesia de Concepción; un escudo con la efigie de San Silvestre: una cariátide; una matraca; una puerta decorada -efectos donados por el autor.

80   Es positivo que los P P. explotaban minas en al Tucumán, conservando ocultos sus derroteros. Igual pudo suceder en el Imperio, más allá no abundan los metales preciosos.

en un sitio inesperado, o para sorprender con su presencia una mala acción que se creía cometer a ocultas, saliendo, por ejemplo, de la cripta mortuoria en medio de la iglesia obscura, como un justiciero espectro. Es, pues, verosímil que mantuvieran secreta la entrada de aquellas obras, proviniendo de esto quizá el cariz misterioso que hasta el presente han conservado.

Grandes constructores de subterráneos fueron los jesuitas en todas partes, y en Córdoba ha llegado a atribuírseles algunos de diez leguas de longitud;[81] pero si esto fue para ocultarse, como parece obvio, en las Misiones donde imperaban absolutos, no lo necesitaron seguramente. Por otra parte, muchas pretendidas catacumbas son viejos acueductos, cuya comunicación está cortada, pero cuya restauración es fácil idear, tanto por su carácter típico cuanto por su arrumbamiento hacia el supuesto manantial, que muy luego se encuentra.

Completaban la edificación pública de las reducciones, el hospital y una casa llamada de las «recogidas», donde se confinaba a las mujeres de vida alegre, a las casadas cuyos maridos estaban ausentes por largo tiempo y a las viudas que pedían recluirse. Esta especie de monasterios laicos, era una previsión contra la ligereza harto marcada de las mujeres guaraníes, a quienes una religión puramente formal no contenía en manera alguna.

Dije ya que la ganadería y los cultivos progresaron mucho en las reducciones.

La vialidad correspondió a e-te progreso. Un camino directo unía dos puntos extremos del país. A medida que otras poblaciones nacían por el contorno, aquella arteria se ramificaba, y así la topografía resultó naturalmente de la ocupación. No hay más que comparar ahora, con los vestigios que ese sistema dejó, la colonia cuadriculada de nuestras mensuras oficiales. Excelente para la pampa, en la cual dio espontáneamente una solución, resulta contraproducente una vez transportada al bosque y a la montaña, donde arroyos y eminencias rompen a porfía su regularidad de damero.

Los jesuitas siguieron el método natural que ha dado a la Europa su excelente red. Allá el camino estableció primero una comunicación directa entre castillo y castillo; las poblaciones inmediatas fueron uniéndose a ella por medio de sendas, que también las enlazaban entre sí, hasta completar el sistema sin los inconvenientes de la rigidez geométrica.

---

81   En Alta Gracia y Caroya; pero es una evidente exageración.

Cuando los agricultores queman sus campos en el invierno, aquello revive como un plano colosal en tinta simpática, sobre la tierra misionera. Los caminos reales, que por la blandura del suelo se ahondaban mucho, iban requiriendo nuevas trazas, efectuadas en poco tiempo al paso de las carretas. Cuatro y cinco accidentan paralelamente el suelo, y como las antiguas huellas de los rodados han sido especies de cunetas naturales para las aguas llovedizas, estas ahondaron los caminos hasta volverlos zanjones, dando las fajas de terreno intermedio, una perfecta ilusión de terraplenes. En Santa María, punto de gran tráfico entonces, son tantos los que desembocan a las ruinas, que parecen líneas de trincheras; pero puede decirse, sin exagerar mucho, que aun están pal entes allá las huellas de los rodados.

De estas vías centrales, despréndense en todas direcciones caminos de herradura, los cuales conducen invariablemente a un bosquecillo redondo que oculta una ruina: puesto de estancia o de chacra, comunicado a su vez por senderos con un manantial cercano.

Esto se repite en toda la extensión del antiguo Imperio, con abundancia relativa que indica una vialidad bastante desarrollada; pues aunque los habitantes se reconcentraron en los pueblos, para resistir mejor a los indios bravos y a los mamelucos, el desarrollo industrial habíalos diseminado bastante cuando se produjo la expulsión.

Hubo entre aquellos caminos, como los abiertos en el espeso de la selva, que llama «picadas» la terminología local, algunos notables. El que puso en comunicación a Santa María con Mártires, y a este punto con Candelaria en la costa del Paraná, fue de esos.[82]

Mártires, situado en una eminencia de la sierra central, era verdaderamente un pueblo sobre un corro. Hacia la costa del Uruguay, el declive es violentísimo y todo poblado de profundo bosque, que hace muy difícil su acceso. A la parte opuesta, aquella altura se encadena con la sierra, formando una fértil altiplanicie, a la que no falta ni un oportuno arroyuelo para ser encantadora. Era visiblemente un punto intermedio entre los dos ríos, de fácil defensa y por consiguiente de segura comunicación. De allá partía la «picada» que atravesaba el bosque en una extensión de 60 ks. próximamente, siendo capaz para rodados. Aquellos caminos por el bosque, debían requerir un cuidado permanente en atención a su tráfico. La selva tiende,

---

82   Pueblos de las Misiones Argentinas.

en efecto, a reconquistar su dominio sobre la vía expedita, que a poco de descuidada degenera en molesta trocha. Los árboles se unen por las copas, abovedándose, y los ciclones, derribando alguno, obstruyen por completo el acceso; las lluvias se encharcan durante meses en aquella sombra; entonces el tranco equidistante de las cabalgaduras o tiros en caravana, forma albardillas que desaparecen bajo el agua, predisponiendo a peligrosos tropezones; y solo un servicio constante, podría prevenir inconveniente tan serio. Ya puede suponerse lo que sería eso en 60 ks. de camino.

Antes hablé de los manantiales captados. Quedan en las ruinas muchos restos de piletas, piscinas y estanques, algunos de los cuales fueron quizá empleados en tenerías. Son bastante notables a este propósito, los de Santa Ana, descritos varias veces ya; pero tomaré como tipo la piscina de Apóstoles, por ser la que está más conservada.

Queda a unos 500 ms. al N. de las ruinas, formando un exágono irregular según lo muestra la figura. Su base mide 21,20 ms.; 12 en los- lados del N. E. y S. O., y 9 en los restantes; su profundidad es de 1.35. Prismas de arenisca, de 1.20 por 0.48, forman sus paredes, estando solada con el mismo material. Circundábala un veredón formado también de arenisca en losas rectangulares, con un ancho de 7. Dos canales subterráneos de piedra, en los costados O. y E., conducían el agua captada en dos manantiales cercanos. El primero desembocaba en un depósito de 7 ms. de longitud por 2.40 de ancho, dependencia del principal, con el que lo comunicaba un prisma hueco de gres, desde el cual se derramaba el agua en la piscina do tres orificios. Estos eran las bocas de otros tantos ángeles, esculpidos entre profusas molduras sobre el paramento interno. Coronaba aquel depósito una cruz de piedra, en cuya base había también esculpidas ricas molduras. El manantial del E., caía directamente a la piscina, y toda el agua salía por un albañal rectangular de 0.30 × 0.25, perforado en un bloque de piedra sobre el costado N., lo cual daba un nivel continuo y una constante renovación. Una pileta trapezoidal, cuyas bases son de 9.20 y 4.70, estando situada a 4.10 del depósito recibía el excedente, desaguándolo a poca distancia en, una ciénaga del arroyo Cuñá-Manó. Posiblemente serviría de lavadero. Las mediacañas, labradas en gruesos bloques de gres para formar los albañales, tenían 0.28 de diámetro. Sobre la base del exágono que forma la piscina, corrían tres gradas de descenso, y toda ella estaba rodeada de palmeras que le comunicaban agradable aspecto. Debía constituir un bello paseo y un baño delicioso.

Eran también notables los puentes. A 7 kilómetros O. S. O. de las mismas ruinas, quedan los restos de uno sobre el arroyo Chimiray. Comienza con una calzada de piedra de 9 metros de ancho por 30 de longitud en la margen Este, y 58 en la opuesta. Dicho arroyo, que corre allá de N. O. a S. E., tiene un ancho normal de 15 ms. y una profundidad de 1.50; pero durante sus rápidas crecidas, suele salirse de madre hasta 1.000, y alcanzar honduras de 8 cuando no tiene donde extenderse. Previendo esto, se construyó el puente en un terreno anegadizo, lo que impedía que las aguas lo cubriesen. Sus restos están formados por 12 postes de urunday, en 6 filas oblicuas a la corriente. Deben de haber sido 15 en cinco hileras de a tres, estando aquellas a 3.80 ms. de distancia entre sí y los pilotes a 2 cada uno. La anchura del puente resultaría entonces de 4 metros; su longitud de 19 y su altura sobre el agua, de 3. Era el tipo común de esta clase de construcciones, bastante raras después de todo.

Como el principal obstáculo de los vados es el pantano que generalmente los precede, los jesuitas prefirieron formar calzadas de piedra para suprimirlo, sin el coste de un puente. El tráfico de entonces, y aun el actual, no era muy activo, efectuándose por de contado en carretas; de modo que estas, en caso de crecida, esperaban uno o dos días sin inconveniente. Los arroyos son muy cerrentosos y su caudal disminuye rápidamente, de modo que el retardo rara vez excedía las cuarenta y ocho horas.

Fuera de estos trabajos, se nota vestigios de otros especiales para avenar los esteros; y parece que en las inmediaciones de la laguna Iberá existen restos de un vasto drenaje, tendiente a convertir una extensión de terreno anegadizo en campo de pastoreo, mas me inclino a creer que esto no pase de una conjetura.

La población estaba casi uniformemente distribuida en los pueblos del Imperio, pudiendo fijarse a cada uno un promedio de 3.500 habitantes; pero Yapeyú, su capital, alcanzaba a 7.000 y Santa Ana llegó a tener cerca de 5.000. Este promedio no abraza sino los dos puntos extremos comprendidos en el siglo XVIII, cuando las Misiones habían alcanzado su definitiva estabilidad, es decir los 117.488 habitantes que tuvieron en 1715, con los 104.483 a que habían descendido en 1758, diez años antes de la expulsión-, pues como dije en otro lugar, la última época señaló en esto una decadencia. El máximum fue alcanzado en 1743, con 150.000. Poseyeron las reducciones una organización militar completa, autorizada por la Corona para que se defendieran do los mamelucos. Táctica y armamento, eran un término medio entre los procedimientos civilizados y las costumbres salvajes. Dividíanse las fuerzas en infantería y caballería. La primera usaba arco y flechas; «bolas»,[83] macana y honda; pero había algunas provistas de mosquete, sable y rodela. La caballería manejaba carabina y lanza. Cada pueblo tenía sus fortificaciones y una armería con su dotación determinada, existiendo orden para que se fabricara en cada uno cuanta pólvora se pudiese. No faltaba la artillería de hierro y de bronce; y se hizo venir de Chile, P. P. que habiendo sido militares, instruyeron tácticamente a los indios. Estos eran tenidos por los mejores soldados del Virreinato, y solicitados por gobernadores y virreyes como tropa selecta, en los momentos difíciles. Existían autoridades expresamente nombradas para el caso de guerra, y un servicio especial de vigilancia sobre la margen oriental del Uruguay. Produjeron hasta generales indígenas, como José Tiarayu, más conocido con el nombre de Sope, y Nicolás Languiru, a quien los enemigos de los jesuitas llamaban Nicolás I, rey del Paraguay. Ambos indios lucharon y murieron en la rebelión de 1751, que más adelante conocerá el lector. Todo varón hacía ejercicios militares los domingos, desde la edad de siete años, siendo castigada con multa y prisión su falta. Una vez al mes se tiraba al blanco en todas las reducciones.

Efectuábanse con admirable precisión las convocatorias; el servicio de centinelas era permanente para los pueblos, y una reserva de doscientos caballos elegidos en cada ano, completaba aquella bélica organización. Mamelucos y salvajes experimentaron pronto sus efectos, y no iba a pasar mucho sin que las mismas tropas del Rey tuvieran que habérselas sangrientamente con los guerreros guaraníes[84].

La vida que los P. P. hacían, así como su situación moral respecto a los indios, mantenía entre unos y otros una distancia verdaderamente inmensa. Más que amos, estaban en una relación de semidioses con sus subordinados. Estos no tenían relación con el mundo, sino por su intermedio. Ni

---

83   La Academia no trae nuestra acepción, que denomina así al arma arrojadiza compuesta de tres guijarros unidos por cordeles.

84   En ejércitos de tres y cuatro mil hombres habían colaborado a la defensa de Buenos Aires contra franceses y portugueses en 1698 y 1704, mereciendo elogios especiales del Rey, por su valor y pericia.

los caciques sabían leer y hablar otra lengua que el guaraní. Trabajaban, pero no poseían; y todo, desde la alimentación al vestido y desde la justicia al amor, les era discernido por mano de los P. P. Carecían de cualesquiera derechos, puesto que la voluntad de aquellos reglaba la vida entera; mas en cambio se les imponía deberes: situación de esclavitud real que solo se diferenciaba de las encomiendas, porque siendo más inteligente, resultaba mucho más templada.

Resignados a ella, los indios la aceptaron como más tolerable, pero el caso moral continuaba siendo el mismo; y esto explica por qué en siglo y medio de aparente bienestar, no consiguió vincularlos a la civilización. El Padre director era la encarnación viva del Dios que se les predicaba, y esto sin duda aligeró en gran parte su situación de servidumbre; pero sacerdote o laico, el amo nunca provocó la fusión de razas, y continuó siendo amo a pesar de todo. La situación más envidiable para el indio reducido, era formar parte de la servidumbre que los P. P. mantenían en su convento, lo cual da, mejor que nada, una idea de aquella sociedad. Los Visitadores, regiamente tratados, no veían, como sucede generalmente, sino lo que sus huéspedes deseaban, juzgando sobre los indios por su situación aparente; y la Corona, cuyos ideales teocráticos realizaban los jesuitas en aquella miniatura de Imperio Cristiano, hallaba en ellos a sus vasallos más fieles.

El comunismo era riguroso. A los cinco años, el niño pertenecía ya a la comunidad, bajo el patronato de alcaldes especiales[85] que vigilaban su trabajo diario. No bien rompía el alba, se los llevaba diariamente a la iglesia, de donde pasaban al trabajo de campos y talleres hasta las tres de la tarde. A esta hora regresaban, conducidos siempre por sus capataces, y después de nuevos rezos volvían recién a sus casas. La paternidad quedaba de hecho suprimida con este procedimiento, que preludiaba de cerca la abolición de la personalidad. Cuando llegaba el momento de que los jóvenes turnaran un oficio, los P. P. lo indicaban. Igual hacían con los matrimonios, que resultaban así verdaderos apareamientos. Nada había fundado en la libre iniciativa ni en el amor, que aquellos célibes no podían entender sino como una paternidad mecánica. La obediencia pasiva acarreaba un estado ficticio de producción, y como nadie poseía nada, todos trabajaban lo menos posible. Destruido el incentivo de la independencia personal por el trabajo, que al producir el máximum de esfuerzo en cada uno, beneficia a la colectividad,

---

85   No se olvide que la comunidad eran, al fin de cuentas, los mismos P. P.

el egoísmo, exaltado a fuerza positiva por este medio en las agrupaciones civilizadas, asumió allá el carácter de una pesimista desidia. Aquellos indios no iban al trabajo sino por la fuerza, hurtándole cuanto podían con mil arbitrios ingeniosos, exactamente como los niños en la escuela: no veían el fruto de su trabajo, no comprendían su objeto, y se les volvía naturalmente aborrecible. Fuera de hilar y trabajar la tierra, las mujeres nada sabían, siendo rarísima la que cosiera. Esta particularidad se debe a la extraordinaria sencillez de los trajes, que apenas requerían costura, y da idea de la pobreza general.

De tal modo es infecundo el despotismo, que hasta en lo relativo a la religión, propósito casi exclusivo de la conquista espiritual durante su primera época, los indios manifestaban una perfecta inconciencia. Cierto que al degenerar en comercial la obra, ese factor pasaba a segundo término; pero como era el pretexto, su importancia formal continuó siendo grande, y en todo caso igual para los naturales. Apenas expulsados los P. P., las costumbres se depravaron-, volviendo rápidamente a la instabilidad salvaje; y no fue raro encontrar, promiscuando en la misma casa, varias parejas incestuosas y adúlteras. En la confesión, que solo efectuaban obligados, salían del paso acusándose de culpas que no habían cometido y comulgando en seguida, sin el menor empacho por el sacrilegio. Carecían de noción clara sobre los pecados que habían de confesar y olvidaban con frecuencia hasta los días de precepto. Ello es tanto más significativo, cuanto que todo se hacía rezando. Plegarias, cantos religiosos con acompañamiento de imágenes y ceremonias, para la entrada y salida del trabajo, para los asuetos, para las comidas. El carácter conventual estaba exagerado hasta lo increíble. La enseñanza de la doctrina y de las oraciones, ocupaba más tiempo que la de los oficios útiles. Habría podido creerse que la extraordinaria pompa de las fiestas, produjera una impresión durable en el ánimo del salvaje. Nada pudo contrarrestar la sombría decepción de esclavo que embargaba su espíritu, y fue el gran melancólico de una opresión incomprendida.

Ley escrita no había, y la conducta estaba regulada por la voluntad de los P. P., que castigaban justicieramente casi siempre, pero en forma discrecional. Administraban justicia, sin que los tribunales comunes pudieran citar a juicio a los indios, y tenían facultad hasta para aplicar la pena de muerte. Los azotes constituían la más común, y para que nada faltara a la autoridad absoluta de carácter divino, que revestían, era obligación del azotado ir después del castigo a agradecérselo do rodillas como un bien, besándoles la mano en señal de sumisión...

Dije ya que desde los cinco años se apoderaba de los indios la comunidad; mas lo peor es que esta tiranía colectiva, no terminaba jamás. Casados, es decir en la situación que todas las convenciones sociales consideran sinónima de independencia, excepto para los siervos, entraban bajo la potestad de otros alcaldes, que a su vez los dirigían por delegación, concentrándose así en manos de los P P. una suma de poder como no la ha tenido gobierno alguno en el mundo.

V - LA POLÍTICA DE LOS PADRES.

E nemigos eternos de los jesuitas, a consecuencia de la rivalidad económica en que los ponía la diferencia de conquista y de civilización adoptada por unos y otros, los antiguos encomenderos del Paraguay vivieron en constante hostilidad con aquellos. Los elementos civiles más ricos y más considerados, tenían con los P. P. diferencias de todo género, pero siempre conservadas por la antedicha rivalidad en la cual habían llevado los primeros la peor parte.

Los privilegios con que la Corona había favorecido a la primera conquista, enteramente laica como se recordará, daban al elemento civil una tuerza efectiva, considerablemente aumentada por la distancia. El hecho consumado venía a favorecerlos siempre por esta causa; y así, sus consultas a la Corona producíanse regularmente, después de efectuado el hecho que las motivaba. Todo esto había robustecido mucho el derecho municipal y sus libertades consiguientes; del propio modo que la selección de coraje, de audacia, de voluntad, producida por la conquista, daba una singular decisión a los usufructuarios de tales libertades.

El genio político de Irala, llevó muy lejos, durante su gobierno, la extensión de los privilegios ciudadanos, y la supremacía del poder civil. El mismo había sido electo gobernador por el sufragio popular, en uso del derecho acordado a los colonos por el Rey en 1537. Siendo guipuzcoano, su espíritu transfundió a la colonia el culto de la libertad toral, tan decidido en el vasco; y esta no hizo después sino robustecerlo hasta la misma exageración del desorden.

Así, la deposición de Alvar Núñez en 1544, fue una verdadera revolución popular coronada por la reelección de Irala, pero si bien la Corona, conforme a la discreta política del Emperador, aceptó el hecho consumado, modificó el privilegio de 1537, encomendando al obispo el nombramiento de gobernador, ad referendum.

Los jesuitas, representaban, en cambio, la autoridad monárquica ejerciéndola a la vez de hecho en sus misiones, y estando más de acuerdo, por consiguiente, con la evolución absolutista que el Gobierno central acentuaba progresivamente. De tal modo, las preferencias gubernativas fueron estando más y más de parte suya; sin contar la ventaja que su difusión impersonal por cortes y tribunales, les daba sobre adversarios cuya influencia era puramente local.

Por esto, en las querellas y choques sucedidos dentro de la jurisdicción paraguaya, fueron derrotados siempre, a fuer de impopulares; mientras su victoria era segura en las apelaciones a la corte, al virreinato y a las audiencias.

La rivalidad con los elementos civiles de la Asunción, no hizo sino aumentar al replantearse el centro misionero sobre el Yababirí, cuando la emigración de la Guayra; y apenas los P. P. se consideraron seguros en el nuevo territorio, su influencia comenzó a ejercerse sobre la política local.

Ya en 1644, el obispo Cárdenas los encontró bastante fuertes, para hacerlos declarar intrusos[86] por el gobernador Hinestrosa, quien los desterró del territorio; pero en este conflicto, que comporta realmente el primer triunfo político de los P. P. en el Paraguay, es menester señalar la presencia de un aliado de los elementos civiles cuya constancia no les faltará jamás: los franciscanos,[87] orden tradicionalmente enemiga de la Compañía. La rivalidad se pronunciaba, pues, en los ramos más importantes de la vida contemporánea: Gobierno, religión y comercio. Aquello tenía que ser, y fue, en efecto, una guerra sin cuartel.

El obispo Cárdenas, que regresó a la muerte de Hinestrosa, restauró la facultad electoral de los conquistadores, siendo elegido él mismo gobernador; lo que prueba una simpatía manifiesta, y general por otra parte, entre su orden y los principios democráticos. El obispo expulsó a los jesuitas y confiscó sus bienes, con el aplauso popular; pero la audiencia de Charcas anuló su elección, restituyendo a aquellos, bienes y domicilio. Este episodio, da realmente la pauta de todos los que se sucedieron hasta 1735, accidentando la prolongada lucha.

Los P. P. habían llegado en la primera veintena del siglo XVIII, al máximum de su poderío, sin que durante el tiempo transcurrido desde sus conflictos con el obispo Cárdenas, la ira popular hubiera cesado de rugir sordamente contra ellos.

---

86   Por no haber recibido, junto con su nombramiento, las bulas de institución.

87   El obispo lo era. La oposición venia desde los comienzos de la conquista espiritual, que fue empezada por los franciscanos, según queda dicho.

Privilegiados por la Corona con toda suerte de franquicias, no quedaba resistiendo a su dominación interna, sino aquel Paraguay civil, cuya resistencia impedíales consagrarse enteramente al soñado fin de la salida por el Atlántico. Mas entretanto, necesitaban el dominio comercial de los ríos que forman el Plata, y que proporcionaban por el momento, la única desembocadura supletoria. Uno de ellos, el Uruguay, ya lo tenían, así como gran parte del alto Paraná; faltábales tan solo el Paraguay a este fin necesitaban por suyo el gobierno civil que lo poseía.

En este estado, consiguieron hacer nombrar un gobernador de su hechura, don Diego de los Reyes, hombre fácilmente manejable por su cortedad de alcances, su carencia de antecedentes y la exaltación imprevista que obligaba su gratitud;[88] pero la nobleza paraguaya, encomendera y foral en su inmensa mayoría, comprendió que el paso aquel era decisivo.

De los murmullos con que recibió el nombramiento, que la Corona debió de legalizar con excepciones especiales, tornando así más visible la maquinación (pues la ley prohibía nombrar gobernadores a los vecinos de los pueblos que aquellos habían de gobernar); de los comentarios, quizá malévolos, de la resistencia pasiva aunque disimulada en un principio, pasó muy luego a la desobediencia abierta.

Reyes, por su parte, había hecho todo lo posible para enconarla. Empezó por abusar de su poder, exigiendo el homenaje de las personas más notables de la Asunción y malquistándose porque no se lo rendían. Fue el advenedizo típico, y sus mismos defensores, los P.P. Lozano y Charlevoix no pueden disimularlo.

Las cosas llegaron a tal extremo, que el gobernador, pretextando una conspiración, nunca probada aunque verosímil, a lo menos como proyecto verbal, ordenó la prisión de dos regidores, miembros prestigiosos a la vez de la aristocracia asunceña Urrúnaga y Abalos.

El yerno de esto último, amenazado también de cárcel, pudo fugarse a Charcas, donde se presentó en queja ante la Audiencia, y esta, que rechazó al principio sus pretensiones, concluyó por oírle, ordenando al gobernador Reyes que enviara el proceso a sus estrados. El gobernador había cometido todo género de abusos para sustanciar dicha causa. Desde la intimidación

---

88   Había ejercido hasta 1717, año de su nombramiento, las funciones de alcalde provincial.

hasta los testigos falsos, todo lo puso al servicio de sus pasiones; y cuando recibió la notificación del auto, por conducto del juez García Miranda, comisionado de la Audiencia, no solamente eludió ia entrega del proceso, diciendo haberlo enviado ya a un abogado de Charcas, sino que se negó a libertar bajo fianza a los detenidos, como aquella lo ordenaba, extremando aún el rigor de sus prisiones.

Tan parciales eran en el asunto los jesuitas, que sus dos historiadores, los P.P. Lozano y Charlevoix callan estos episodios, sin los cuales, la conducta de Antequera, enviado después por la Audiencia como juez pesquisador, resulta sospechosa y ambigua; pero el primero de los citados padres, inicia su historia diciendo: «aunque mi principal intento es sacar a luz la verdad con modestia, no podré decirla toda, acomodándome al dictamen de quien dijo que, si bien el historiador ha de decir verdad en todo lo que refiere, no debe referir todo lo que es verdad;» agregando más abajo: «habré de decir lo que bastase a hacer patente la verdad, ocultando muchas cosas, que 110 siendo necesarias más podrían ofender.»

Con este criterio histórico, agregado a los sucesos milagrosos que en diversos puntos menciona como antecedentes funestos de los sucesos por venir, queda visible el carácter apasionado de las historias jesuíticas.

Es otra prueba del jesuitismo de Reyes, y formaba uno de los capítulos de su acusación ante la Audiencia, el feroz ataque que llevó sin previa declaración de guerra contra los indios payaguás, que los jesuitas no habían conseguido reducir,[89] pero que estaban en paz con el vecindario asunceño, a media legua tan solo de la ciudad.

La inútil matanza, ocasionó represalias dolorosas, que costaron la vida, entre otros, a los jesuitas Blas de Silva y José Mazo; pues los indios comprendían perfectamente el origen de la guerra que Reyes les declaró.

Mientras el juez Miranda, convencido de que era inútil persuadir a Reves para que obedeciera el mandato de la Audiencia, renunció su comisión: poro aquel tribunal había fallado antes la causa, condenando al gobernador a una multa de cuatro mil pesos, a restablecer las comunicaciones que mantenía interceptadas a fin de impedir toda acusación ó queja entre Charcas y el

---

89   Eran cristianos, sin embargo; lo que volvía más significativa aquella crueldad.

Paraguay, y a presentar ante el Cabildo de la Asunción su «dispensa de naturaleza»[90] en el el término de una hora, sin cuyo requisito sería depuesto.

El gobernador desacató en términos duros al Cabildo y a la Audiencia, lo que prueba que se sentía escudado por fuerzas superiores a las suyas; pues jamás so hubiera atrevido a dar tal paso por su sola cuenta, sabiendo de antemano que estaba perdido. Entonces la Audiencia, en cuyo seno eran muy influyentes, sin embargo, los jesuitas, comprendió que algo grave estaba pasando en el Paraguay, y nombró juez pesquisador a su propio fiscal don José de Antequera.

Habíase este educado entre los jesuitas y era principalísima persona, asaz enérgico é inteligente, bien reputado por su carácter e integridad, aunque el P. Lozano le impute por otra parte diversos peculados en el ejercicio de sus funciones, tachándole á la vez de extremada jactancia. En conjunto, resulta una rica naturaleza, quizá combativa, por exceso de vitalidad. Estos caracteres son dados siempre a la pasión de la justicia.

No tardó Antequera, una vez llegado a la Asunción, en ver probados los cargos de la acusación contra Reyes; y dando entonces cumplimiento a las instrucciones de la Audiencia, cuyo pliego abrió ante el Cabildo, asumió el cargo interino de justicia mayor de la provincia.

Acto continuo, empezó el proceso de Reyes, que este prolongó con toda suerte de cortapisas, hasta el estupendo volumen de catorce mil páginas; pero, cuando a solicitud de la acusación, Antequera cerró el proceso, citando a las partes para definitiva, resultó que aquel se había fugado, refugiándose en Buenos Aires.

El proceso había sido enviado por Antequera a Charcas, con el relato de la fuga de Reyes; pero en el ínterin, el virrey del Perú envió a esto un despacho de reposición. Todo hace suponer en ello la intervención jesuítica.

La Audiencia comprendió que el virrey había sido mal informado y resolvió detener el documento mientras le avisaba lo que ocurría; pero fue imposible interceptar la comunicación, que iba escapándose de persona en persona como una suerte de juglería, mientras no llegó a las manos del teniente de Santiago del Estero. Sin embargo, el virrey, haciendo caso omiso

---

90   Porque según la ley, no podía ser gobernador, a causa de que pertenecía al lugar de su gobierno, y estaba emparentado con varios regidores.

del informe que le enviara la Audiencia, mandó a Reyes un duplicado de la reposición, lo cual demuestra el poder de las influencias ejercidas sobre él.

Con este documento, pasó Reyes de Buenos Aires a las Misiones, donde halló la mejor acogida. Los P.P. podían hacer ya, sin ambages, la cuestión de legitimidad. Las reducciones reconocieron y juraron al gobernador repuesto, quien desoyó las comunicaciones de su juez para que se reintegrara a la prisión. Invocaba la orden del virrey, que era autoridad superior; pero el Cabildo produjo entonces un acto de la mayor trascendencia, que es realmente el comienzo de la futura revolución comunera

Fundado en la autorización legal, que permitía suplicar hasta tres veces las órdenes del Rey, aplazándolas entretanto, juzgó que más naturalmente podía hacerlo con las disposiciones virreinales, y nombró gobernador a Antequera.

Los dos bandos, como se ve, iban definiéndose. De un lado Antequera y la oligarquía local que formaba el Cabildo, encaminábanse profusivamente a la restauración de los antiguos privilegios populares, tendiendo a aumentarlos en sentido revolucionario; del otro, los jesuitas, fieles a su sistema, preconizaban el acatamiento absoluto a la autoridad, juzgando delito hasta la duda. Aquellos anteponían la justicia al principio de autoridad; estos la obediencia, a toda otra consideración; y es claro que el poder los vería siempre con mayor agrado.

La región entera se conmovía mientras tanto, confundiendo lo decisivo del conflicto. La Audiencia seguía sosteniendo a Antequera, es decir, el predominio del poder civil y de la ley, sobre la autoridad absoluta, impregnada de clericalismo; pero los jesuitas sabían o comprendían que a la larga, el poder central estaría con ellos.

Reyes procedía en las Misiones como gobernador legítimo, siendo sus actos más trascendentales, y los que más le enajenaban también las simpatías civiles, medidas para estorbar el comercio paraguayo; de tal modo las causas fundamentales, seguían obrando en el conflicto.

El Cabildo desconoció por segunda vez la reposición de Reyes, que este envió desde las Misiones, certificada por los padres; y sabiendo que había pasado a corrientes, sobre cuyas autoridades, así como sobre las de Buenos-Aires, tenían influencia los jesuitas, hízole prender por sorpresa en aquel punto encarcelándole de nuevo en la Asunción.

Ya el virrey arzobispo del Perú, cuyo doble carácter no le proponía ciertamente en favor del elemento laico, había reconvenido a la Audiencia, exigiendo el cumplimiento de las órdenes relativas a Reyes Así, cuando este se quejó de su cárcel, reprodujo con mayor energía la orden de reposición, el comparendo de Antequera en juicio ante su sola autoridad, y la comisión al teniente de Buenos Aires, García Ros, para que hiciera cumplir sus mandatos.

Avanzó este, en efecto, sobre el Paraguay al frente de un pequeño ejército, cuya principal fuerza estaba compuesta por indios de las Misiones; pero la población se mostró tan dispuesta a resistir, fundándose en el aplazamiento de las órdenes, a que tenían derecho mientras las suplicaba, que García Ros decidió retirarse.

Bien que basada en la ley, la revolución era ahora un hecho. El pueblo se había impuesto al absolutismo. Pero los P.P. se daban cuenta de que no podía prosperar. Si pretendía conservarse dentro del concepto monárquico, estaba perdida por la reacción fatal de este sobre sus pretensiones. Si lo renegaba, tenía que ir al separatismo, y el separatismo no era posible sin el mar, es decir, sin Buenos Aires. Por ello los P.P. cultivaban con tanto ahínco las amistades gubernativas de esta ciudad. Con impedir ellos, en efecto, el comercio de la colonia separada, estrangulaban literalmente la revolución. Así, aquella democracia embrionaria tuvo más ímpetu que pensamiento, más instinto que plan definido. Quería derechos; había aprendido a estimarlos practicándolos, y la vieja rivalidad con los jesuitas vencedores, exasperaba su deseo. Mas la fatalidad topográfica debía de imponerse a todo. Sin el mar, que asegura la libertad de comercio, imposible la vida autónoma. Aquello no tenía más salvación que la simpatía de Buenos Aires.

Pero la revolución no vio esto. Engriose demasiado con su triunfo local; creyó que sus libertades aisladas podían sostenerse por sí mismas.

No obstante, el peligro era más grave de lo que parecía. Los incidentes sucesivos demostraron que Antequera tenía amigos decididos, desde el Tucumán hasta Cuyo y desde Corrientes hasta Charcas: toda la futura comarca revolucionaria de 1810.

La retirada de García Ros, tuvo también por causa el estallido de la guerra con los portugueses y la consiguiente atención a Buenos Aires amenazada de cerca. Tan preparados estaban los jesuitas a combatir con Antequera, que cuando el gobernador Zavala les pidió tropas para la guerra con Portugal, pudieron enviarle tres mil hombres, quedando, no obstante, con fuerzas suficientes. Antequera hizo lo propio, para desvanecer, sin duda, las imputaciones de separatismo, que los padres comenzaban a esparcir en contra suya, y porque su objeto evidente no filé otro que el de mantener la superioridad del poder civil basada en una relativa soberanía popular.

Pero el virrey no cejaba en su intento de extinguir aquel foco rebelde; y urgido por él, Zavala envió de nuevo a García Ros sobre el Paraguay. Reforzado por dos mil guaraníes dé las misiones, que se le incorporaron a las órdenes de los P.P. Dufo y Rivera, acampó en territorio paraguayo sobre la margen del Tebicuarí, punto estratégico como base de invasión.

A todo esto, el obispo del Paraguay se había decidido por los jesuitas, sin volver con esto más popular su causa; pues el pueblo enfurecido atacó el convento con intención de arrasarlo, de no mediar el mismo Antequera. El Cabildo decretó su expulsión, y olvidando toda cordura política, declaró la guerra al gobierno de Buenos Aires. Aquello era, realmente, un decreto de suicidio.

El pueblo acudió en masa a ponerse sobre las armas. Antequera derrotó a García Ros por medio de una hábil sorpresa e invadió las Misiones, que se limitaron al abandono de los pueblos, emprendiendo contra él una abrumadora guerra de recursos.

La cuestión económica, siempre vivaz, dejose ver en el restablecimiento de las encomiendas que Antequera efectuó contra los indios de las reducciones; grave error, pues la guerra asumía, de tal modo, carácter patriótico para aquellos.

Frustrado Antequera por la guerra de recursos, y amenazado por García Ros, que volvía rehecho al frente de seis mil guaraníes, decidió regresar a la Asunción; pero el movimiento revolucionario empezaba a languidecer, falto de objeto, al paso que el absolutismo se rehacía poderoso.

El virrey del Perú, que lo era ahora el marqués de Gastel Fuertes, espíritu fanático e inflexible, ordenó al mismo Zavala la pacificación inmediata del Paraguay y la captura de Antequera. El obispo se declaraba hostil a la cabeza de sus curas, que representaban una fuerza no despreciable; y el mismo Cabildo iniciaba ante Zavala una capitulación.

Antequera había salido a reclutar milicias en la campaña, dejando como gobernador interino a don Ramón de las Llanas; pero este entregó la ciudad a Zavala sin oponerle resistencia. El caudillo, traicionado, no tuvo otro recurso que huir a Córdoba.

Zavala nombró gobernador del Paraguay a don Martín de Barúa, poniendo en libertad a Reyes, quien era tan antipático al pueblo, que por consejo de los mismos jesuitas permaneció recluido en su casa.

Pero Barúa resultó amigo de los revolucionarios, y desobedeció, siempre con el carácter de aplazamiento suplicatorio que ya conocemos, una orden del virrey para que restableciera a los jesuitas. El Cabildo hizo lo propio con otra de la Audiencia, que empezaba ya a reaccionar en sentido absolutista Barúa había contado con la aquiescencia de su sucesor, Aldunate, contrario también a los P.P.; pero estos eran tan poderosos, que hicieron anular el nombramiento del último; siendo al fin restablecidos con gran aparato, por orden expresa del virrey.

Del convento de franciscanos de Córdoba, donde se refugiara, Antequera, cuya cabeza había puesto a precio de cuatro mil pesos el virrey, huyó nuevamente hacia Charcas donde esperaba hallar apoyo en la Audiencia; pero este tribunal tratole en vez como a reo, y le envió cargado de grillos a Potosí, que no fue sino su penúltima etapa hasta la cárcel de Lima, donde dio al fin en 1726. Su dramática empresa había durado cinco años.

El espíritu revolucionario permanecía vivo, sin embargo, en el Paraguay.

Antequera había trabado conocimiento en la cárcel con don Fernando Mompó[91], quien llegó a exaltarse de tal modo por sus principios y desventuras, que huyendo de ia prisión se trasladó al Paraguay en misión revolucionaria.

Su elocuencia tribunicia sublevó de nuevo los ánimos; su pensamiento, más audaz o maduro que el de Antequera, proclamó resueltamente la prioridad del municipio sobre toda otra soberanía, dando por primera vez razón definida al nombre de «Comuneros» con que se distinguían los revolucionarios; pero padeció del mismo error que todos estos; no vio la inutilidad de una revolución cuya consecuencia fatal era el separatismo, por otra par-

---

91   Esta es la ortografía de Lozano, y sin duda la buena. Estrada, que siguió a Charlevoix en sus noticias, escribe Mompo, sin acento, como el; pero Cherlevoix pronunciaba en francés, necesitando acento, por lo tanto.

te imposible en el aislamiento local. Lo que constituyó el éxito de la revolución emancipadora de 1810, lo que vieron tan claramente sus caudillos, quizá aleccionados por este fracaso comunero, es decir, la expansión inmediata, faltó enteramente en el Paraguay.

Pero la sublevación fue gravísima. El nuevo gobernador, Sordeta, pariente del virrey, fue desconocido por el Cabildo y por el pueblo, en nombre, no ya del derecho de súplica, sino de la soberanía comunal. Intimáronle el inmediato abandono de la provincia, lo que ejecutó al punto, eligiendo entonces el pueblo una junta gubernativa cuyo presidente recibió el nombre de presidente de la provincia del Paraguay.

La revolución no tenía suerte en sus designaciones. Don José Luis Barreyro, que fue el elegido, no pensó sino en traicionarla. Apoderose, pues, de Mompó arteramente, enviándole á Buenos Aires, donde fue encarcelado y procesado por Zavala. Remitido al Perú, se fugó en Mendoza, consiguiendo desde allá pasar al Brasil.

Barreyro experimentó muy luego las consecuencias de su felonía. Perseguido por el pueblo, que hubo de sublevarse contra él al conocer la suerte de Mompó, viose precisado a huir, refugiándose en las Misiones, siempre hostiles a la revolución comunera.

No obstante la popularidad de esta, el apoyo que desde el pulpito la prestaban los franciscanos, y la fidelidad a la Corona de que seguía haciendo gala, estaba ya virtualmente muerta.

El suplicio de Antequera, que fue ajusticiado en Lima por orden del virrey, al recibir este el informe personal de Sordeta, consumó la obra reaccionaria.

La muerte del caudillo tuvo inusitada y trágica grandeza. El pueblo de Lima, conmovido por las palabras de perdón que pronunció el franciscano, auxiliar del reo, amotinose para salvarle. Solo la intervención armada de la tropa consiguió dominar el tumulto; y Antequera, muerto de un balazo en previsión de un posible triunfo de la asonada, no escapó, aun cadáver, a la decapitación, de su sentencia.

El Paraguay volvió a sublevarse con la noticia de su muerte, expulsando a los jesuitas, verdaderos causantes de todo, por tercera vez, saqueando su colegio y produciendo varias ejecuciones capitales. El obispo excomulgó a los autores de estos excesos, y una sangrienta anarquía sustituyó a toda acción gubernativa en la comarca.

Las Misiones, que habían sido agregadas por rescripto real al gobierno de Buenos Aires, debieron mantener tropas sobre sus fronteras con el Paraguay; tal era el odio que este les profesaba.

Dos historiadores jesuitas, los P. P. Lozano y Charlevoix, han escrito sobre esta revolución con el positivo intento de demostrar que la Compañía no fue sino una víctima de los comuneros por lealtad a la Corona; pero de sus mismos libros, se desprende una opinión diversa. Lo que callan, induce en sospecha de lo que dicen. Exagerando la inocencia de su orden, no hacen sino demostrar la participación que tomó en el episodio.

El triunfo que sobre aquella anarquía consiguió Zavala en su nueva empresa de pacificación, acabó con el movimiento comunero. La batalla de Tabatí, ganada realmente por los guaraníes, fue el último acto del drama. Los suplicios sucesivos, la reposición de los jesuitas, no constituyeron ya sino detalles; y el sombrío gobierno do D. Rafael de la Moneda, acabó en el cadalso con los últimos adictos de la prematura revolución.

Fue esta fecunda, sin embargo, en su propio fracaso. El pueblo vivió vida libre, aunque agitada. Brotaron de su seno tribunos como de la Sota, que sin tener la elocuencia ni los alcances de Mompó, reemplázale un momento su popularidad de caudillo. Ciudades jesuíticas como Corrientes, llegaron a efectuar movimientos solidarios;[92] las mismas mujeres, signo característico de toda revolución efectiva, encendiéronse en la llama heroica. Las solidaridades imprevistas, tanto como el entusiasmo revolucionario, prueban que la fidelidad monárquica disminuía en estos países y que las ideas democráticas hallaban aquí terreno propicio.[93] Faltábale, en efecto, al Gobierno central los prestigios de aparato que tanto ayudan a la monarquía, y que, naturalmente, no pudo trasladar a las colonias. La conquista, por otra parte, había sido un éxito de la calidad personal de cada conquistador, no una obra de la nobleza o del Rey; y los revolucionarios Comuneros de Castilla, emigrados después de su derrota, trajeron gérmenes tan vivaces de democracia, que su recuerdo perduró, como se ha visto, hasta en la denominación

---

92   En 1732, para no concurrir a la represión del Paraguay adonde enviaron prisionera al teniente de rey que para ello se aprontaba.

93   Casi al mismo tiempo, el P. Falkeuer (ver el epílogo) notaba igual cosa en las campañas argentinas.

específica de los revolucionarios paraguayos.[94] Estos quedaron tan fuertes, aun después de su derrota, que cuando a poco y aprovechando de las turbulencias no extinguidas del todo aún, los indios Guaycurúes amenazaron la Asunción, la mayoría de los soldados se encontró ser excomulgada por el asalto al colegio de los jesuitas; entonces resolvieron no defender la plaza, mientras el obispo no les alzara el entredicho, lo que este ejecutó, dada la inminencia del peligro. Excusa, por cierto, muy de la época y también muy peculiar, en el fondo, a los nuevos tiempos.

La revolución degeneró en anarquía por falta de ambiente y de razón política definida, pues como movimiento comunero exclusivamente, implicaba un anacronismo. La monarquía evolucionando hacia el absolutismo sobre la ruina de la libertad foral, no podía ser detenida por la restauración de esta. El espíritu popular exigía ya medidas más radicales y compatibles con la evolución que llevaba los pueblos a la democracia o a las instituciones representativas: el separatismo revolucionario del año 10.

Como todo movimiento social prematuro, aquel de los comuneros fue suicida por desesperación cuando comprendió la imposibilidad del triunfo; pero se ha impuesto a la historia como una generosa tentativa de libertad, cuyo fracaso aumenta quizá lo simpático de su esfuerzo. Más que una revolución, fue propiamente un caso foral

Ciertamente, no tuvo otros alcances, ni creo que pueda verse sin exceso en Antequera, un mártir anticipado de la libertad americana. Su carácter es simpático, sin ser de ningún modo genial; y su figura, dominada siempre por los acontecimientos, no es por supuesto la de un jefe extraordinario. Su ejecución fue, por esto, un crimen inútil, o más bien estúpida venganza, que extremó la reacción en perjuicio de sus propios autores, como siempre sucede. Los P.P. iban a experimentar muy luego el contragolpe del absolutismo que con tanto ahínco defendieron.

---

94   No necesito advertir que mi narración del movimiento comunero, es simplemente esquemática, habiéndola elegido solo por ser el mas importarte episodio político Je la época y el más significativo a la vez.

VI - EXPULSIÓN Y DECADENCIA.

El Tratado de Permuta entre los Gobiernos lusitano y español, que cambió la Colonia del Sacramento al primero, por los pueblos que el segundo poseía en la margen oriental del Uruguay, interrumpió aquella tranquila dominación.

Dichos pueblos eran, en efecto, las siete reducciones jesuíticas del Brasil, que por el distrito del Tape y Porto Alegre buscaban el soñado desahogo sobre el Océano.

Liberal se había mostrado la Corona en sus indemnizaciones a los habitantes. No solo podían estos retirarse con todos sus bienes a las reducciones de la costa occidental (Art. 16 del tratado), sino que se daba a cada pueblo 4.000 pesos para gastos de mudanza, eximiéndoselo además del tributo por diez años en el nuevo paraje donde se situara. Pero esto era nada en comparación de lo que se perdía. Arrojados de la Guayra por los mamelucos, y abolido por consecuencia todo intento de comunicarse a su través con el Atlántico, los P.P. habían diferido la realización de este propósito dominante, para cuando replantearan sobre bases más sólidas el núcleo de su Imperio. Comenzaba esto a lograrse, después de ciento y pico de años de esfuerzos, avanzando ya su dominio hasta la Sierra del Tape, donde tenían vastas dehesas, dependientes de las reducciones de San Juan y San Miguel —cuando el tratado de 1750 vino a desvanecer por segunda vez sus aspiraciones. Era demasiado, sin duda, para que lo sufrieran tranquilos, y la insurrección guaraní de 1751 lo demostró enteramente.

No creo que los P.P. llevaran ninguna idea separatista en ello. Semejante imputación fue una calumnia, que la Corona recogió cuando le convino, para explicar la expulsión, junto con la leyenda ridícula, circulada por los publicistas anticlericales de Amsterdam, según la cual aquellos habían proclamado rey del Paraguay a un cacique, con la intención de separarse de España;[95] pero me parece no menos evidente, que la insurrección tuvo origen jesuítico. Queríase, sin duda, impedir su trabajo a las comisiones demarcadoras, mientras se gestionaba ante la Corte la denuncia del tratado; cosa después de todo factible, en época de semejante inestabilidad, y cuando el

---

95   Su fidelidad cuando la revolución comunera, es otra prueba contra el separatismo.

137

mismo documento de Utrecht no había remediado nada Entretanto, la guerra demostraba a las dos Coronas cuán ruinosa iba a salirles la ocupación en campos enteramente arrasados por las montoneras, y con habitantes que incendiaban sus pueblos al retirarse. Dicha suposición, es el termino medio natural entre los que aseveraron sin pruebas el separatismo de los P.P., y la neutralidad absoluta que estos pretendían haber observado en la contienda. Los indios carecían de iniciativa, como es evidente, para lanzarse por cuenta propia en lance tan grave; y lo que es peor, desobedeciendo a sus directores. El lector juzgará si esto era posible, dada la situación moral y social de las reducciones. Sostenían los P.P. que el movimiento había sido una reacción natural del patriotismo, al verse los indios desterrados de los pueblos donde nacieron; y los que hablaron con los comisarios reales en nombre de sus paisanos, argumentaron efectivamente con esto, agregando que aquellas tierras fueron dadas a su raza por el apóstol Santo Tomé; pero otros, hechos prisioneros durante la insurrección, declararon que estaban instigados por los P.P. Después, el patriotismo debía resultar algo baladí para aquella gente que nada poseía, siendo ese un sentimiento consecutivo a la propiedad. Nada habían tenido tampoco en su estado salvaje, puesto que en él fueron nómadas; de manera que su indiferencia al respecto, era a la vez atávica e inmediata. Considero, pues, que los P.P. fueron los promotores encubiertos de la insurrección. No se fracasa dos veces en siglo y medio de esfuerzos gigantescos, sin intentar la segunda cuanto arbitrio venga a mano para conjurar la adversidad. En cuanto a poder hacerlo, los PP. habían demostrado lo bastante su energía y su constancia, con más que el propósito merecía cualesquiera sacrificios, siendo, por otra parte, bien sabido que sus medios no los preocupaban mucho. Además, ellos estaban en el buen terreno respecto a los intereses bien entendidos de la Corona, pues lo cierto es que esta realizaba una permuta desastrosa, en la cual solo consiguió perder su dominio de la margen oriental del Uruguay;[96] de modo que tenían buenas razones para ser oídos. La insurrección era, entonces, un medio heroico, pero de eficacia segura, si no se mezcla en el asunto el amor propio de las armas españolas, que no habría sido posible dejar como dominadas por los guaraníes, ante el aliado portugués. Las intrigas de Corte hicieron el resto.

---

96   Su intento era evitar el contrabando por la Colonia, haciéndola suya; pero como este delito emanaba de fuentes más profundas que la hostilidad portuguesa, nada consiguió, anulándose el tratado en 1761.

Los que sostienen la tesis del separatismo jesuítico, argumentan, para demostrarlo, con la autonomía cada vez mayor de que fue gozando el Imperio por concesiones sucesivas de la Corona, y además con su éxito económico. Esto, dicen, sugirió, como siempre sucede, las ideas separatistas. Agregaban a guisa de dato concurrente y significativo, el hecho de ser extranjera la mayor parte de los P.P., y esto es bastante fuerte a primera vista; pero muy luego se advierte que su objeto fue aislar al Imperio de todo contacto español, con la doble valla del idioma y de la sangre.

Tal aislamiento, que garantía el dominio inconmovible, en la unidad absoluta, fue una preocupación constante a la cual colaboró el Gobierno con invariable decisión. Los indios tenían prohibido trasladarse de un pueblo a otro. No podía vivir en las reducciones, español, mestizo ni mulato. Transeúntes, no se los toleraba en su recinto más de dos días, y tres u lo sumo si llevaban mercaderías consigo.[97] Existiendo en el pueblo venta o mesón, ninguno podía hospedarse en casa de indio. Ya se sabe, por otra parte, que la administración civil, militar y judicial, estaba enteramente confiada a los P.P.; y en el caso especial que me ocupa, tampoco tiene nada de extraordinario su nacionalidad, si se considera que entre los primeros enviados al Paraguay, cuando no podía haber aún ni asomo de separatismo, figuraron italianos, portugueses, un flamenco y un irlandés; pero lo que no admite duda, es su activa campaña para evitar la ejecución del tratado. Hay sobre esto un hecho concluyente. Al finalizar un banquete con que obsequiaron en una quinta de los suburbios de la Asunción al gobernador del Paraguay, junto con diversos miembros de los dos Cabildos, pretendieron que dichos invitados firmaran una carta ya preparada para el Rey, en la cual se le demostraba lo perjudicial de la permuta; y este documento hacía ver, además, la posibilidad de un nuevo avenimiento entre las dos Cortes. Los P.P. intentaron no solo que lo firmaran el gobernador y prebendados, sino que los dos Cabildos la hicieran suyo; pero aquel remitiendo el negocio para su despacho, por no sentirse quizá muy firme de cabeza, le encontró «cosas tan impropias, que se opuso a su remisión, haciéndolo fracasar también ante las dos instituciones mencionadas.

El carácter enteramente inofensivo que se quiso dar a la rebelión, presentando a los indios como niños grandes, de acometividad nada peligrosa,

---

97   En Atenas sucedía algo semejante. Los extranjeros no podían habitarla sin permiso de los magistrados y mediante una capitación de doce dracmas (10 fr. 80.)

cuando acababan de mostrarse respetables guerreros en tres años de lucha, prueba lo contrario con exceso;[98] quedando además, como argumento decisivo, aunque sea conjetural, la resistencia ante la operación que destruía el plan jesuítico.

Por lo que hace al separatismo, no se ve cómo habría podido beneficiar a los jesuitas Si era por la autonomía, ya la disfrutaban absoluta; si por el comercio, nadie se lo fiscalizaba; si por la seguridad exterior, jamás la nación fundada con las tribus guaraníes por plantel, habría alcanzado el respeto del inmenso reino español, siendo por el contrario una presa entregada a la voracidad de las naciones colonizadoras. La situación de vasallos implicaba para los jesuitas todas las garantías que da a los suyos una nación poderosa, sin los deberes que les impone en compensación, pues eran autónomos y privilegiados; mientras que la independencia, empezando por echarles de enemigo a la madre patria, no les daba por de contado otra perspectiva que la ruina. Súbditos, quedaban protegidos; independientes, permanecían encerrados en una comarca mediterránea y rodeada de enemigos: eran cosas demasiado graves para sacrificarlas al patriotismo sentimental. No resta otra hipótesis, en efecto, y ya se sabe que los jesuitas no tenían patria en verdad, consistiendo en esto su fuerza de expansión superior a la de los Gobiernos. Esparcidos por todas las naciones, mal podían hacer cuestión patriótica en ninguna, pues la influencia que pretendían respetaba las formas externas. Era la restauración del dominio moral de Roma sobre los poderes temporales que manejaría como agentes, en un definitivo retroceso hacia la situación de la Edad Media; y en cuanto a aquel ensayo de teocracia, la Corona seguía fomentándolo cada vez con mayor afición, siendo el Tratado de Permuta no otra cosa que un incidente político cuyas consecuencias le resultaban nocivas; pero cuyo objeto tendía a algo bien distinto de su perjuicio. Creer que el estado social de las reducciones ocasionaba ideas de independencia, sería un absurdo; no habiendo entonces razón alguna para suponer el discutido separatismo.[99]

---

98   El P. Lozano en su Historia de las Revoluciones, los llama "diestros en el manejo de las armas, y hechos a jugarlas con gran valor en sitios formales, contra enemigos europeos y arrestados," etcétera.

99   Por otra parte, no habían conseguí Jo aún la salida al Océano, única manera de hacer eíicaz la separackm, como hemos visto al tratar de los comuneros.

La Corona procedió lealmente en sus indemnizaciones, pues los P. P. habían recibido ya 52.000 pesos al estallar la rebelión; pero ya he dicho que esta defendía algo mucho más importante.

El primer movimiento estalló en 1751, interrumpiendo los trabajos de demarcación; pero la guerra no se generalizó con violencia hasta 1753 cuando los demarcadores, apoyados por poderosas escoltas, llegaron a la jurisdicción de San Miguel. La ocupación de ese punto extremo de las reducciones en dirección a la costa marítima, hacía perder toda esperanza, motivando consecutivamente la demostración bélica como recurso extremo. El cacique Sepé salió al encuentro de las comisiones, cortándoles el paso con una serie de combates que duraron casi un año. Prisionero al atacar el fuerte de Río Pardo, el comisario portugués le puso en libertad, con el intento de ver si se sometía polla blandura y el buen trato; pero al empezar el 1750, reapareció más amenazador, capitaneando numerosas fuerzas, con bastante artillería de Herró y algunos sacres bastardos de tacuara reforzada con torzales.

Un ejército lusitano-español había penetrado en la comarca, para reprimir las montoneras que sostenían la guerra desde cuatro años atrás; y los insurrectos se le atrevieron. Muerto Sepd en un rudo encuentro, los indios rehiciéronse al mando de Languirú, que también perdió la vida en la sangrienta batalla de Caybaté, verdadero acto final de la guerra; terminándola del todo la ocupación de los pueblos de San Miguel y San Lorenzo por las tropas aliadas, durante mayo y agosto de 1756. En el segundo de dichos pueblos, cayeron prisioneros tres jesuitas, uno de los cuales era el P. Henis, tenido por director de la insurrección. Esta había durado cinco años, casi sin interrupción, pues mucho la favoreció el terreno con sus peculiaridades topográficas, costando al Gobierno do Portugal veinte millones de cruzados[100].

No es de creer que por tan largo tiempo, y conservando los P. P. su influencia sobre los indios, ella hubiera sido nula para contenerlos: la opinión portuguesa fue unánime a este respecto, y una sorda inquina quedó declarada desde entonces entre la Corona lusitana y la poderosa Compañía.

---

100   Casi 60.000.000 de trancos, si se toma por tipo al cruzado de 1750 precisamente, moneda de plata cuyo exergo alusivo decía: la hoc signo vinces, y cuyo valor, considerando las mismas equivalencias mencionadas en otro lugar para el peso español, sería de 2 francos 918. El cruzado de oro, que venia a valer 3 francos 395, no puede servir de base por su escasa circulación en aquella época, si bien no alteraría mucho mi cálculo. La moneda de plata a que me refiero, pesaba 14 gramos 605 y tenía 0.899 de fino.

Las ideas liberales, dominantes por entonces en el Gobierno español, facilitaron una acción conjunta contra los jesuitas, cuyo resultado fue la expulsión de la orden por ambas Coronas y. su abolición por la curia romana.

Excedería de mi propósito un estudio sobre esta obscura cuestión, en la cual intervinieron, tanto las razones políticas como las rivalidades internas de la Iglesia[101]; pues debo ceñirme estrictamente a sus consecuencias sobre el Imperio Jesuítico.

Realizada la expulsión, el Gobierno español conservó el comunismo en las reducciones, nombrando empleados civiles para administrarlas y encargando de los asuntos religiosos a las comunidades de San Francisco, Santo Domingo y la Merced; pero estos nuevos apóstoles ignoraban el espíritu de la empresa. El fiasco económico que resultó la expulsión, pues los comisarios reales no hallaron en los conventos tesoros ni cosa semejante, como se creía, fue socialmente mayor en poder de los agentes españoles.

Civiles o religiosos, estos no conocían las costumbres del indio, no entendían su lengua, no tenían concepto alguno de esa organización peculiar, y su primer error fue querer civilizar a la europea un medio semi-salvaje. Pero aquello era ya hereditario, y cambiarlo requería tiempo a lo menos. De una perfecta teocracia se pasaba a una sociedad normal, con el único resultado de engendrar en los poderes desunidos una rivalidad perfecta. El civil tomaba por suyo el nuevo estado de cosas; el eclesiástico pretendía la conservación de todo el privilegio; y sus contradicciones, que degeneraron a poco en escandalosas reyertas, hicieron del indio su víctima. El siervo, destinado a pagar todas las culpas de sus amos, sufrió también las consecuencias de aquel desorden. Empequeñeciose el vasto alcance industrial de la empresa, decayendo hasta una sórdida explotación dividida a regaña dientes entre misioneros y administradores. El peculado, lacra eterna de la administración española, lo contaminó todo sin consideración, pues siendo aquello de la Corona, resultaba ajeno para unos y otros. Nadie tenía interés en cuidar una obra que no era suya. Ganados y yerbales, explotados sin miramientos, se acababan porque no los reponían; y los indios, sin amor

---

101   Y hasta las querellas galantes; pues por lo que respecta a la intervención de Francia, parece que el origen de la expulsión estuvo en el disgusto de la Pompadour con al P. de Sacy, el cual había extremado para la real querida, la moral acomodaticia. Las protestas de la Reina y del Delfín hicieron retroceder al jesuita, motivando el incidente

hacia una cosa de la que tampoco eran propietarios, se dejaban llevar por su pasividad característica, impasibles ante la dilapidación.

Indiferentes al halago de la propiedad, por su condición de eternos proletarios, y careciendo del aliciente que implicaba su relativo bienestar bajo el poder anterior, se dispersaron convirtiéndose en agentes de destrucción a su vez, puesto que reingresando a la vida nómada se volvieron salteadores de las propias estancias jesuíticas. Algunos administradores celosos no pudieron contener la ruina, pues ella estribaba en algo mucho más serio que un defecto de administración. Era el cambio de vida lo que había trastornado las bases de la obra, y esta se desmoronaba sin remedio posible. El sistema jesuítico consistió en una relativa cultura de forma, sobre un fondo de salvajismo real, única situación posible por otra parte, dado que el indio, rota su unidad psico-fisiológica por la civilización, perece en esta. Los mismos jesuitas experimentaban ya el efecto, al producirse la expulsión, pues como se ha visto en el anterior Capítulo, la población de las reducciones había disminuido; y esto fue tan rápido, que en solo trece años (1743-56) la falla alcanzó a 46.000 habitantes.

Es que la vida sedentaria y la división del trabajo llevaban irresistiblemente al progreso, no obstante el hábil equilibrio de la organización jesuítica y el aislamiento en que se la mantuvo; y aquello fue perturbando el organismo salvaje, que evolucionaba desparejo en su doble aspecto físico y moral, cambiado el primero por las nuevas condiciones, mientras el segundo permanecía inmóvil en su nueva idolatría, única condición que se le exigió.

Desequilibrado de este modo, el ser no resiste a la civilización, pues lo mismo en los pueblos que en los individuos, lo físico depende substancialmente de lo moral. El lector que ha notado ya el predominio de este concepto en toda mi apreciación histórica, no extrañará que lo particularice para explicar un fenómeno del cual sacaré consecuencias más adelante.

Restos de una raza en decadencia, la servidumbre en que se hallaron aquellos salvajes no hizo sino acelerar la descomposición, y nadie ignora que el hecho más significativo en una raza decaída es la esterilidad. Inadaptables, además, por las ideas, que es el único acomodo fecundo, a una civilización cuyo concepto fundamental no podían entender, pues lo cierto es que sin muchas centurias de evolución no se pasa de la tribu a la vida urbana—carecieron de esa condición para prosperar. Entonces se vio el siguiente fenómeno: la población aumentó al salir de las encomiendas, por reacción sobre un estado asaz peor, y mientras coincidieron las nuevas condiciones de vida con la característica esencial de la situación anterior a la conquista; pero cuando aquellas empezaron a progresar, llevando lentamente hacia la civilización, vino el descenso. El indio demostró una vez más, que en cuestiones étnicas y sociales, la adaptación al medio es regla invariable.

Por su parte, los administradores civiles atribuían la desorganización que presenciaban, al comunismo, tomando, corno sucede siempre a los contemporáneos, la parte por el todo; y es claro que cuanto más cambiaban las instituciones, más precipitaban aquella sociedad a la ruina. A los diez años de la expulsión, los habitantes habían disminuido en una octava parte; treinta años después en la mitad (de 10U a 50.000) por emigraciones a otros puntos, o por reincorporación a la vida salvaje, donde en concierto con los no reducidos, se volvieron salteadores, como antes dije. Cuatro años después de la expulsión, los ganados, que excedían de un millón de cabezas al efectuarse esta, quedaban reducidos a la cuarta parte, siendo los nuevos administradores un activo agente en esta despoblación. La leyenda de tesoros escondidos y derroteros de minas, motivó remociones que resintieron muchos edificios, y que continúan todavía con maravillosa estulticia. Antes dije que en las reducciones no circulaba moneda, de modo que no existieron jamás semejantes caudales. El producto de las explotaciones debía ir directamente desde Buenos Aires a Roma, sin que jamás volviera amonedado a su punto de partida; y en cuanto a los ornamentos, como los P.P. tuvieron noticias ciertas de su expulsión un año antes de realizarse esta, es de suponer que salvarían con tiempo los más valiosos. Las excavaciones no produjeron, pues, otro resultado que acelerar la ruina empezada.

Junto con el siglo XIX comienza una serie de acontecimientos que consumaron la destrucción total.

Ceballos había reconquistado para la Corona española, en 1763, los pueblos cedidos a Portugal por el Tratado de Permuta; pero dicha nación tenía invertido demasiado dinero en ellos, para desperdiciar una ocasión de reconquistar los. Esta se presentó treinta y ocho años después. El aventurero Santos Pedroso dio un afortunado golpe de mano sobre la antigua reducción de San Miguel, apoderándose de ella, y dicho acto señaló el comienzo de la reconquista, con gran cortejo de asesinatos y depredaciones, volviendo al dominio portugués la margen oriental del Uruguay que el Brasil conserva todavía.

En 1803, el gobernador Velazco abolió el comunismo en las reducciones, ultimándolas de hecho con esta medida; de modo que al estallar la Revolución de Mayo, no eran ya sino indiadas informes degeneradas en la última miseria. La desgraciada expedición de Belgrano al Paraguay, conmovió un instante su sopor; pero no tuvo sino el mal resultado de entregar a aquel país las establecidas en la orilla izquierda del Paraná, reconociéndole así el dominio total del río.

Cinco años más permanecieron quietos, hasta que Artigas, para hostilizar a los portugueses, organizó en las del Uruguay una montonera de la cual fue jefe inmediato el indio Andrés Tacuari, a quien la historia conoce por su sobrenombre de Andresito. Estas fuerzas vadearon el Uruguay, y después de varios encuentros afortunados, pusieron sitio a San Borja, capital de las Misiones brasileñas.

Derrotadas y obligadas a levantar el sitio, las represalias fueron terribles.

El marqués de Alegrete y el general Chagas, de feroz memoria, invadieron los siete pueblos argentinos donde Artigas había organizado la montonera y los asolaron bárbaramente, no dejando cosa en pie en cincuenta leguas a la redonda.

El incendio devastó las poblaciones; el saqueo acabó con el último ganado y los postreros restos de la opulencia jesuítica.

En otra parte mencioné el botín, compuesto por los ornamentos religiosos, a los cuales hay que añadir las campanas y hasta las imágenes de madera.

Semejante desgracia tuvo su repercusión en la costa del Paraná; pues para no disgustar a los portugueses, cuya neutralidad convenía a sus designios, el doctor Francia mandó destruir todas las reducciones que la derrota de Belgrano entregó al Gobierno paraguayo, desapareciendo así el núcleo principal del Imperio Jesuítico.

Andresito habíase rehecho entretanto, organizando otra montonera sobre las mismas ruinas, puede decirse, y Chagas vadeó nuevamente el Uruguay para castigarle; pero fue vencido en Apóstoles y obligado a repasar el río. La montonera creció con este éxito, volviéndose tan temible, que el general brasileño cruzó e) Uruguay por tercera vez, sitiándola en San Carlos donde se había atrincherado. Sucediéronse terribles combates; hasta que habiendo volado la iglesia, convertida por los guaraníes en polvorín, Chagas tomó la plaza. Esta fue arrasada enteramente, lo propio que Apóstoles y San José, ya saqueados en la expedición del año anterior.

Las ruinas de San Javier albergaban algunos dispersos de Andresito, que acosados por el hambre robaban ganados a los paraguayos de la costa del Paraná; estos expedicionaron sobre aquel foco de salteo, exterminaron a sus habitantes y concluyeron de arrasar las pocas paredes que habían quedado en pie.

Aquellos pueblos, los más pobres ya durante la dominación jesuítica, con excepción de Santo Tomé, que era el puerto más comercial del Uruguay, fueron también los más azotados por la guerra; de modo que ni los restos de la anterior opulencia, los favorecerían pura una posible reacción

Entretanto, Andresito que había escapado de San Carlos por medio de una proeza temeraria, abriéndose paso sable en mano a través de las fuerzas sitiadoras, reunió otra vez una parcialidad compuesta de dispersos y de indios salvajes, entendiéndose con Artigas y con el caudillo entrerriano Ramírez, para una acción conjunta sobre Porto Alegre. Cumpliendo su parte, atacó y tomó el pueblo de San Nicolás; pero un retardo de Artigas frustró la combinación, y el valiente guaraní cayó prisionero, yendo a morir poco después en una prisión de Río Janeiro.

Sus indios se dispersaron por el Brasil y el Paraguay, o adoptaron definitivamente la vida salvaje, subiendo al Norte y dirigiéndose al Chaco en procura de bosques más espesos. Las últimas noticias que de ellos se tiene, son la tentativa infructuosa que el Gobierno unitario del año 1826 hizo para restaurar la civilización en aquellas Misiones —siempre reclamadas como suyas por el Paraguay—, convirtiéndolas en provincia de la Unión; y la parte que tomaron al siguiente en la guerra contra el Brasil, bajo el mando de los caciques Ramoncito y Caraypí.

Las Misiones situadas al oriente del Uruguay duraron algunos años más; pero en 1828, con motivo de la guerra antedicha, el caudillo oriental Rivera las arrasó tan completamente, que hasta se llevó en cautiverio a las mujeres y a los niños.

El régimen jesuítico se prolongó en el Paraguay hasta 1823, entrando los indios desde entonces a trabajar por cuenta del Gobierno, pero conservando la organización comunista. Esta fue abolida por el general López en 1848, con el objeto de confiscar en su provecho los bienes de la comunidad, declarados fiscales, y semejante medida consumó la ruina del Imperio Jesuítico en el último de sus vestigios históricos.

VII - LAS RUINAS.

El bosque ha tendido su lujo sobre aquella antigua desolación, siendo ahora las ruinas un encanto de la comarca.

Dije ya que el mortero más usual en las construcciones jesuíticas, fue el barro. No era, naturalmente, de la arcilla roja que el lector ya conoce, sino del humus que se recogía en los cercanos manantiales y se empleaba con profusión a causa de su baratura. Abandonados los pueblos, la maleza ha arraigado en aquella tierra propicia, precipitándose sobre ella con un encarnizamiento do asalto. La mugre de las habitaciones, y la costumbre de barrer hacia la calle, abonaron durante más de un siglo el terreno con toda clase de detritus, siendo esto otra causa de la invasión forestal que ha cubierto las ruinas. Aquellos restos de habitaciones sin techo, parecen enormes tiestos donde pulula una maleza inextricable. Unas desbordan de helechos; en otras crecen verdaderos almácigos de naranjos; aquella está llena por el monstruoso raigón de un ombú, de esa otra se lanza por una ventana, cuyo dintel ha desencajado, un añoso timbó; el musgo tiende sobre los sillares vastas felpas, y no hay juntura o agujero por donde no reviente una raíz.

La selva entierra literalmente aquello, de tal suerte, que puede presagiarse una ruina en razón de su espesura. Internado en ella, el viajero llega abriéndose paso a fuerza de machete hasta alguna antigua pared o poste aislado, que nada le indican; para orientarse, es indispensable dar con la plaza que sigue formando aún en medio de la maleza un sitio despejado. Está, sin embargo, disminuida, porque, el bosque tiende a avanzar hacia su centro; pero su relativa desnudez, prueba que la vegetación ha buscado en efecto el barro negro de las paredes y el suelo abonado por las basuras en las calles. Aquella plaza da la situación del pueblo. Está orientada a rumbo directo, con una leve declinación que no induce en error; y cada uno de sus costados es la base de una manzana de igual superficie. La mayor profusión del naranjal indica la huerta del antiguo convento.

De las reducciones argentinas, tan maltratadas por la guerra, apenas queda otra cosa que paredes; y como resto ornamental el pórtico de San Ignacio, popularizado por la fotografía y por las descripciones de varios viajeros. Si se quiere hallar algo menos informe, es necesario internarse al Brasil y al

Paraguay, realizando fastidiosos viajes en que hasta la comida suele escasear. Los puntos más cercanos son San Nicolás y Trinidad respectivamente.

Para llegar al primero, es necesario pasar el Uruguay frente a la villa de Concepción, viajando después setenta kls. a caballo. El segundo tiene dos puntos de acceso: por tierra, desde Tilla Encarnación, ciudad paraguaya situada frente a la capital de Misiones, haciendo sesenta kls. de malísimo camino; y por agua desde la mencionada capital hasta el puerto de Trinidad, situado a quince kls. de las ruinas. Las distancias son cortas; pero la escasez de caballos y el natural retraimiento de una población semi-salvaje, para quien la procedencia argentina no es una recomendación, hacen de aquellas excursiones una verdadera campaña. Por lo demás, es necesario llevar consigo provisiones a todo evento, pues hasta la mandioca, indígena de la región, suele faltar, siendo la carne mala y cara.

Unas y otras ruinas valen, sin embargo, la pena de ir a verlas. El espíritu revive a su con tacto una historia originalísima; experimenta una impresión algo más elevada de la que inspira el éxtasis fácil del burgués ante la rocalla de las grutas municipales, y aquella tristeza agreste le hace comprender que no todo es retórica en la mentada «poesía de las ruinas».

Esos descoronados muros que se obstinan en permanecer, formando tan rudo contraste su vetustez con la eterna lozanía de la verdura; el curso, diríase melancólico, del manantial captado que resistió a tantos sacudimientos en la furtiva clausura de su cisterna; la huella de algún incendio en las jambas carcomidas de una celda; la bóveda trunca de un sótano que es ahora clandestino agujero; la juventud victoriosa de los naranjos que sobreviven, frutando para las aves del aire su nectarea cosecha— dan, tal vez por sugestión romántica, pero no menos evidente, sin embargo, una impresión de nostalgia mística.

La serenidad es inmensa, el silencio vasto como un mar, la soledad eterna. Empero, no hay nada de adusto allá. El clima y el bosque han impreso al conjunto su dulzura peculiar. Aquella hidrópica vegetación de tréboles, heléchos, ortigas, produce una humedad por decirlo así emoliente. Los ásperos sillares rezuman el copioso rocío de las noches, que el sol meridiano desvanece apenas, dando asidero al liquen higroscópico y a los zarcillos de las parietarias; el suelo es una red de malezas, que pujan a bosquecillos de tártagos y a bravísimos cercos de agave; y por sobre eso el alto bosque dilata su inmenso toldo.

Sube hasta el bochorno la tibieza enervante del aire en las asoleadas siestas, haciendo glorietas exquisitas de aquellas derruidas habitaciones que regalan frescuras de tinaja. En perezoso desprendimiento caen aquí y allá las naranjas demasiado maduras; croan entre los árboles, al amor de tan pródiga pitanza, nubes de loros que por instantes prorrumpen a la loquesca en estridente cotorreo; algún conejo, cuyo pelaje blanco o manchado recuerda a sus antecesores de la reducción, salta cauteloso entre los helechos; y el silencio, tan característico que se hace notar como una presencia, completa la impresión de paz.

Los montones de piedra delinean antiguas calles, cercados y recintos. Sobre el ábaco de un pilar, al que apenas diferencia de los troncos cercanos su rectangular estructura, un guaembó (philodendron micans) dilata sus hojas como en un vasto macetón de vestíbulo; orna la adarajaque descubrió un derrumbe, tal cual cactea; yérguense sobre los parapetos elegantes arbustos, y por todos los rincones cuelgan las avispas sus panales de cartón.

Donde las construcciones fueron de tapia, la profusión es mucho mayor desde luego. La higüera silvestre y el ombú han medrado ávidamente en aquellos montones de tierra, alcanzando proporciones desmesuradas su inconsistente tronco. Esas masas de albura en que el machete se hunde como en carne de pera, han realizado los más curiosos caprichos plásticos al apoderarse de las ruinas. Aquí uno mantiene incrustado entre sus raigones tal trozo de pared, sobre el cual diríase que han corrido gruesas chorreras de plomo; más allá otros aprovecharon como tutores los antiguos machos de urunday, casi del todo cubiertos por su esponjosa leña; y algunos que encontraron en su desarrollo vigas o tirantes, abrazáronse a ellos, desencajáronlos de sus ensambles, y alzándolos a medida do su crecimiento, forman ahora inmensas cruces u horcas colosales del más extraño efecto.

Helechos y tréboles gigantes son el tapiz de las antiguas habitaciones; raíces y vástagos componen a sus ruinas una verdadera decoración, cual si quisieran restaurarlas con arte salvaje. I)e pronto se nota una enredadera que es, para ese fuste, astrágalo perfecto; o una mata de iridáceas que forma naturales caulículos a aquella columna decapitada. Y el silencio es cada vez más profundo, cada vez más grato. Una extraviada planta de yerba trae a la mente como recuerdo impreciso la pasada historia, y esta circunstancia poética: que cada ruina posee su zorzal —acrece la impresión de melancólica dulzura con los flauteos del solitario cantor.

Allá se tiene, como quien dice en miniatura, una historia completa Aquel fugaz Imperio, quizá soñado por sus autores como una teocracia antigua, con su David y su Salomón, pasó por todas las crisis desde la conquista hasta el fracaso; hizo florecer una política que enredó en su trama a dos naciones; organizó la vida civil, en forma como no la veía el mundo desde las más remotas civilizaciones asiáticas; realizó la teocracia, en admirable rebelión contra el progreso de los tiempos y <le las ideas; conglomeró en sociedad, con imponente esfuerzo, aquel hervidero de tribus cuya dispersión inorgánica parecía inhabilitarlas para toda jerarquía-errando mucho aunque acertando asaz: conato si se quiere, pero valentísimo; esbozo a buen seguro, mas de proyecto enorme, donde no flaqueó el esfuerzo sino el ideal en pugna -con la vida; y ni el estrago de la guerra le faltó para que sus restos conservaran el sello de todas las grandezas humanas, comunicando una especie de épica ternura a aquellos escombros velados por la selva compasiva, cuyos rumores son el último comentario de una catástrofe imperial.

Hollando tejas y rotas baldosas, anda uno por ellos. Eran fuertes piezas, que revelan una vez más la poderosa estructura del conjunto. Miden las primeras 0.45 ms. de largo por 0.35 de ancho y 0,1 ½ de espesor; las segundas 0.30 si octogonales, 0.40 y 0.45 si de seis lados. A través del tiempo, sirven de nuevo a los actuales moradores, siendo de pasta superior.

Mencioné ya el carácter igual que tenían todos los pueblos jesuíticos, y que se ve patente en sus ruinas Adoptado un tipo, debieron conservarlo, pues así lo ordenaba la ley respecto al que usaron, vale la pena mencionar el nombre de su inventor, el P. González de Santa Cruz. No hay mucha originalidad que digamos, pues el mencionado sacerdote no era arquitecto, y se atuvo estrictamente a la cuadrícula, tomando como base la manzana española con sus conocidas dimensiones (125 ms. X 125); pero el dato histórico tiene su valor evidente en arqueología.

Describiré dos de estas ruinas, las más accesibles desde la capital de Misiones: San Carlos y Apóstoles; no haciéndolo con San Ignacio, que es la más visitada, porque ya existen sobre ella una descripción-y un plano del señor Juan Queirel, y tiene además un guardián del Estado. Mi descripción sería una redundancia, sin contar con que los desmontes efectuados últimamente, facilitan por completo el acceso.

San Carlos, como puede verse por su plano respectivo, estaba situada entre las nacientes de los ríos Pindapoy o San Carlos y Aguapey, y el arroyo del Mojón que desemboca en este último. Su posición era culminante, sobre una meseta de 250 ms. de altura, que divide las aguas de los ríos citados, hacia el Paraná y el Uruguay respectivamente. En días claros, se alcanzaba a ver desde ella la estancia de Santa Tomás, situada veinte kls. al N.O. y la de San Juan treinta y cinco al E. N. E. Lo acertado de su situación, en cuanto a salubridad y topografía, se deduce por contraste con el pueblo actual, cuyos diez o doce ranchos, diseminados en el fondo de un cañón anegadizo al S. de las ruinas, se ven a menudo azotados por la difteria y el paludismo. Una serie de lomas, casi todas coronadas por el bosquecillo circular que indica con frecuencia una antigua población, circuye las ruinas, enteramente cubiertas por el bosque al cual se interpola el diseminado naranjal.

El lector debe tener a la vista los dos planos de esta reducción, pues el de conjunto da un tipo de la topografía común a los pueblos jesuíticos, y el detallado otro de la planta urbana solamente.

Las ruinas constan de dos cuerpos, separados ahora por una calle de 20 metros de ancho que corre de N. a S., y por la plaza. El primero consiste en el convento con sus dependencias y una manzana de casas al O. El segundo es el pueblo mismo.

Rodeaba a aquel edificio una albarrada de piedra tacarú en bloques de 0/20 ms. de diámetro, término medio, siendo su altura 3 ms.; su ancho en la base 1.25 y en la cúspide 0.95. Estas dimensiones son comunes a las demás murallas divisorias.

El convento se dividía en dos partes. La quinta, situada al N., tenía 145 ms. de ancho al S., por 190 de E. a O. La llena enteramente el naranjal, que ha perdido al renovarse incultamente, la antigua alineación; y en su vértice N. O. existía un pozo circundado por una pileta o abrevadero. Una faja de terreno baldío que ocupa todo el costado O., sería quizá la hortaliza.

A 84 metros de dicho costado, corre paralela una muralla de tapia casi enteramente derruida, cuya explicación no he podido encontrar, sino tomándola por la trinchera en que Andresito resistió a los brasileños. Refuerza mi conjetura el hecho de que dicha tapia vaya a dar en el flanco de la iglesia, situada sobre el costado O. de la plaza; pues aquel edificio era el polvorín, como se recordará.

El espacio ocupado por las habitaciones del convento tiene 84 metros de E. a O, por 82 de N. a S. contando la primera distancia hasta la tapia; pues hasta el cerco general de piedra, mide 190 como en el resto. Sobre la muralla que circunda este recinto por el S., hasta dar con la tapia, es decir, en una longitud de 84 metros había 14 habitaciones por completo independientes una de otra; y desde la tapia hasta la iglesia, 19 en iguales condiciones. Su capacidad es de 10.90 ms. por 5.85; estaban construidas en piedra hasta 2.70 ms. desde el cimiento, siendo el resto una tapia que mide ahora 2.30, pero que debía exceder de 5. Los machos de urunday que atizonaban aquellos muros, están visibles todavía en algunos puntos; los sillares que los formaban, son prismas de 0.75 X 0.45. De los tirantes y alfarjías no queda resto en las destruidas habitaciones que el incendio devoró dos veces. Sombreaba toda esa edificación una galería de 3.50 ms. de ancho, sostenida de 4 en 4 ms. por pilastras cuyos pedestales medían 0.85 X 0.80. El fuste, fijo al basamento por una espiga de madera, tenía 2 ms. de alto y 0.46 por cara; algunos alcanzaban 1.06 X 1 en el pedestal y 0.77 en los lados. Todas estas pilastras eran ochavadas. Una parte do la galería debió de estar asentada sobre postes de madera que el incendio destruiría, por cuya razón no ha dejado vestigios. AL extremo O. de las habitaciones en cuestión, y a 20 ms. detrás de la iglesia, quedan los restos de una construcción redonda en piedra, que debió de ser el campanario comunicado con el convento. En el costado opuesto había 5 salas de piedra de 15 ms. X 9.75, hasta la tapia; y si desde esta hasta la muralla de piedra seguía la misma edificación, resultan 7; o 19 si era como la del frente. No conservan vestigios de galería, e infiero por su tamaño que serían talleres u oficinas. En su intersección con la tapia, está á la vista un trecho de sótano que correspondió quizá al refectorio. Tras de la muralla que circunda al convento por el O. y formando cuerpo con ella, existía un corral de 72 ms. X 44, inmediato al cual pasaba el camino a la estancia de Santo Tomás, que puede utilizarse aún Do este mismo corral se desprendía un potrero de piedra, que ensanchándose al S. O. volvía después al N. hasta dar con un manantial del Pindapoy; tenía 700 metros de desarrollo. A 30 metros detrás del costado N. de la quinta, hay una ruina situada sobre otro manantial del mismo arroyo, quedando entre esta y el corral un so- tillo de naranjos, pero sin restos de habitación.

La plaza mide 125 ms. X 125, y en su costado O. estaba la iglesia, de la cual solo quedan dos tapias informes y vestigios de gradas pertenecientes al pretil. Al extremo de este costado, o sea en el vértice S. O. de la plaza, se halla el cementerio actual un corralito donde hay algunos trozos de lápidas antiguas.

Manzanas de las dimensiones ya establecidas, tienen sus bases en los lados N., S. y E. de la plaza; dos más, completan el cuadrado, y una empieza en el costado S. del convento. Las habitaciones son de 0 ms. X 6, y están dispuestas en filas, separadas por calles de 18 ms., como se ve en el plano. Doy una manzana solamente con esta disposición, pero las otras son iguales. Las habitaciones que rodeaban la plaza eran de piedra, así como las que formaban la manzana O. El resto es casi enteramente de tapia, notándose frente a todas vestigios de galería. Sus paredes de piedra alcanzan 3 ms. de elevación, desde el cimiento inclusive, en las esquinas; la tapia superpuesta no tiene más que 0.50. Cada manzana contaba G filas de habitaciones, formando 19 de estas una fila; lo cual da 684 casas para el pueblo solamente. Calculando a 5 habitantes por casa, promedio que me parece discreto, salen 3.420; los cuales junto con la servidumbre del convento y los capataces y peones de las estancias, hacen el total de 3.500 establecido para las reducciones en general.

Las fortificaciones están enteramente destruidas; pero es fácil concebir su ubicación por la del pueblo. Aquellos arroyos que casi lo rodean, constituían fosos naturales.

Apóstoles estaba situado también en una meseta entre los arroyos Cuñá-Manó y Chimiray, el primero a 7 kls. al S. y S. O., y el segundo 1.100 ms. al Ni El plano da el número de sus manzanas y dependencias, bastante destruidas; pero las habitaciones están mejor conservadas que en San Carlos. En ellas se ve que las puertas medían 3.05 ms. de alto por 1.10 de ancho- Los alféizares, netamente rebajados en la piedra, tienen 0.07. Varía un poco la capacidad de las habitaciones, pues estas son de 5.75 ms. de largo, por 5.15 de ancho, alcanzando a 3.15 las paredes que permanecen en pie. Los sillares prismáticos que las forman, miden 0.58 X 0.33; no obstante, en las esquinas son de 0.87 X 0.40. En el ángulo S. E. de la plaza, hay restos de otras que midieron 7.50 X 5.70; pero son excepcionales.

Detrás de la línea de habitaciones que formaba el costado E. de aquella, y separadas por una calle de 15.70 de ancho, había dos salas de 36.70 de largo por 5.80 de ancho cada una; quedando aisladas entre sí por un espacio do 17.15, en el cual prosperan algunos naranjos. Detrás todavía, y a la distancia ya indicada de 15.70, hay otras dos de iguales dimensiones, siguiendo después la edificación común. Sus paredes miden 0.75 de espesor. Cada una tenía 6 puertas, correspondientes, según parece, a otros tantos tabiques.

Quedan en el costado N. de la plaza, restos de dos cuerpos de edificio separados por un espacio de 25 ms., los cuales miden 6.40 de frente cada uno. Una puerta de 2.30 de alto por 1.95 de ancho, permanece todavía en pió. De los extremos del cabio, formado por un enorme tablón de urunday, arrancaban dos maderos, que incrustándose en las piedras caladas al efecto, formaban una especie de arco adintelado. Carcomido por el incendio hasta la mitad, resiste, sin embargo, soportando el enorme peso del dintel, casi sin pandearse; y es probable que conservara toda su horizontalidad, de estar contrapeado todavía con las jambas. Ello no es de extrañar, cuando se sabe que la madera del urunday tiene una resistencia a la flexión de 1257 kgs. por cm². Cada cuerpo del edificio mencionado tiene 5.60 ms. de ancho, siendo su fondo 12.80 para el que está más al E. y 6 para el otro. Las paredes miden 0.69 de espesor y 5.80 de altura; pero es fácil calcular 1.50 más, por los derrumbes y lo colmado del piso, resultando entonces una altura de 7.30 para el edificio.

El otro costado de la plaza, es decir el del S., tiene 55.50 ms. ocupados por un muro de piedra de altura variable, cuyo máximum y mínimum es de 3 y de 1.70. Me inclino a creer que este muro correspondiera al costado de una sala extensa, análoga á las ya descritas en el costado E. Los 13 y 62 ms. que faltan para completar el lado en cuestión, estuvieron formados, al parecer, por casas de tapia.

A 68 ms. al S. de este costado, hay restos de una construcción de 26 ms. de frente por 16 da fondo, con un tabique divisorio a los 7.50 de este Se hallaba dividida en cuatro piezas iguales con cuatro puertas al N. Quedan vestigios de una galería de 2.35 de ancho sobre los costados N., E. y O. de la plaza, consistentes en postes de urunday muy deteriorados, y pilastras de 2.09 de alto por 0.45 de cara; unas ochavadas, otras con un tosco esgucio que las decoraba groseramente.

Frente a la larga pared descrita, existe el tronco de una estatua de piedra, que por la manera cómo tiene cruzadas las manos sobre el pecho, debió de pertenecer a la Inmaculada Concepción. Las erosiones apenas dejan distinguir un pie; mas lo poco que de él aparece debajo de la túnica, refuerza el anterior indicio. Cerca de este punto, dos pedestales netos, en cuyos plintos se ve aún los agujeros de las espigas que aseguraban sus respectivas estatuas, indican que estas fueron dos; y en efecto, no es difícil encontrar pedazos de otra. Dichas estatuas, que decoraban el exterior de las iglesias, nos llevan a tratar de las ruinas pertenecientes a estas.

Alguna vez se ha hablado del «estilo guaraní;» pero es un evidente abuso de frase. Sabe todo el mundo, que ni siquiera puede decirse con propiedad «estilo jesuítico,» siendo lo único peculiar en la arquitectura de la Compañía el abuso decorativo; mas esto mismo era entonces una moda universal.[102] El bosque, con su profusión lujuriante, habría influido tal vez sobre aquella arquitectura; pero no hubo tiempo para semejante evolución, por de contado muy lenta siempre, y los indios carecían de la cultura requerida para ser artistas, mucho menos artistas innovadores. Debo hacer notar, sin embargo, para ser justo, que la cargazón y los colores vivos, sobre cuya mención volveré muy luego, se atenuaban mucho y aun se explicaban por la acción de una luz harto viva y de un ambiente clarísimo, que hubieran devorado, para usar el término de rigor, las medias tintas. Toda la decoración externa estaba pintada, para evitar precisamente esto como en los templos medievales cuyo efecto debía de ser bellísimo, a juzgar por algún nártex, todavía apreciábalo, y se ve que hubo designio en ello, por la anchura de los ábacos, la profundidad de los esgucios y el hecho de tener su fuste acanalado todas las columnas decorativas; pues si tales rasgos sorprenden por su exageración en el primer momento, bien pronto se nota su objeto: atenuar el exceso de luz ambiente.

Las ruinas de los templos jesuíticos no dejan, pues, impresión alguna de novedad. Todas revelan el tipo cruciforme que predominó en la Edad Media y que los jesuitas restauraban por devoción especial a Jesu-Cristo[103].

---

102   Realmente el estilo, es decir la característica dominante de una creencia o de un esfuerzo espiritual en arquitectura, acabó con el gótico. El Renacimiento, no es propiamente un estilo, sino una soberbia anarquía, en la cual predominan las individualidades sobre la fe común, convirtiendo al arte en un producto sensual quo la voluptuosidad domina y amanera a poco, haciéndolo degenerar en retórica.

103   Conocida es la distribución simbólica de las Iglesias medievales. El altar

Nada original en el conjunto ni en los adornos. El pórtico de una sacristía de Trinidad, que el lector ha visto copiado en su estado actual, da una idea suficiente de las ornamentaciones. La iglesia a que pertenece fue edificada en la época del mayor poderío jesuítico, siendo quizá la más vasta de todas. El de San Ignacio, en las Misiones argentinas, revela algo muy semejante: columnas góticas, sobre las cuales se asienta un dintel recargadísimo, pues la blandura del gres predisponía a abundar en decoraciones. Estas eran muy variadas: el follaje mixto de los capiteles compuestos, los racimos de la viña evangélica; cuartos y medios boceles, golas, cheurrones, escudos encartuchados y angelotes. A ambos lados del pórtico, dos losas con la cifra de la Virgen y de la Compañía, a derecha e izquierda respectivamente. Presento al lector tres tipos de columnas jesuíticas, que con la compuesta de pórticos y altares, forman toda la provisión arquitectónica de las ruinas; por ellas se verá cómo no había, en efecto, novedad alguna. Las embebidas son naturalmente del mismo estilo, y en los templos de tapia las labraron en madera. En Trinidad se ha conservado una cornisa que rodea todo el presbiterio, y completa la idea de las decoraciones emplea das. Representa diversas escenas domésticas de la vida de María, tratadas con bastante acierto. En una, la Virgen ora, mientras su niño duerme en la cuna y cuatro ángeles le dan música para que no despierte; en otra, arropa a su niño, siempre arrullado por la música angelical, cuyos instrumentos son arpas, zampoñas y trompetas; en otra, maneja su devanadera con el mismo acompañamiento; en otra todavía, es un ángel el que ejecuta la operación para que ella pueda orar.

Estas figuras, así como el pórtico de la sacristía antes mencionada, están labradas sobre los sillares de construcción, los cuales venían a ser gigantescas teselas, que al ajustarse, componían un verdadero mosaico en alto relieve. Los arcos eran casi todos adintelados, y no pocos una imitación en madera, como la recordaba al describir las ruinas de Apóstoles. Solo en la iglesia inconclusa de Jesús, hay unos apuntados que revelan el carácter ojival del futuro edificio; y fuera de este existe arruinado uno de medio punto, que iba a quedar tal vez en la intersección de dos claustros.

---

representaba la cabeza de Jesús, las dos alas del crucero sus brazos, las puertas sus manos atravesadas; la nave sus piernas, y el pórtico sus perforados pies. En algunas, la bóveda significaba el Nazareno agobiado bajo la cruz. La orientación era asimismo prolijamente respetada, pues todos los templos tenían su fachada principal al Oeste. Esta regla cayó en desuso hacia la época del concilio de Trento, siendo precisamente los jesuitas, quienes primero la violaron.

Al encaramarse por techos y paredes, los árboles han precipitado el derrumbe de aquellos edificios. Nada resiste a su acción desorganizadora. Desencajan las dovelas, apalancan los arquitrabes, y el viento, al encorvarlos, comunica sus sacudidas a la bóveda o muro abrazados por sus raíces. La mencionada iglesia do Trinidad, con la cual me especializo por ser la que da más fácil acceso al viajero, presenta señales evidentes de cuanto dejo expresado. A primera vista, dijérasela destruida por un terremoto; tal es de completa su ruina. Después se advierte que esto resulta solo de la friabilidad del material. Pilar que caía o muro que so derrumbaba, todo lo reducían a añicos en torno suyo. La humedad colaboraba activamente a su detrición[104] y el bosque se metía por la brecha acto continuo.

De las naves no queda ya resto en pie. El crucero permanece, así como un pedazo de bóveda sobre el presbiterio y uno de los arcos torales que no tardará en caer. La sacristía conserva también su bóveda y un nicho decorado por una rica archivolta. A ella perteneció la puerta cuya reproducción habrá visto ya el lector: pesado batiente de cedro que adornan profusos ataires.

Las paredes laterales eran tabiques sordos, con sus escaleras interiores, una de las cuales va a salir sobre los calabozos que daban al cementerio.

Todos los revoques externos han caído[105], recobrando el asperón su tinte rosa que hace destacarse a los muros con gran belleza de contraste sobre el bosque invasor. Desde el sitio donde se abría el pórtico, la vista domina un cuadro espléndido de verdes oteros y bosquecillos, convertidos en una especie de alameda sinuosa sobre las orillas un tanto lejanas del arroyo Capivarí. La antigua plaza queda a los pies del espectador, pues aquel templo ocupaba una verdadera meseta, y casi a su frente se levantan unas seis habitaciones donde están el Juzgado de Paz y la actual iglesia; pero sus techos fueron reconstruidos hace poco a la moderna... paraguaya.

A veinte kls. de este punto se encuentra la iglesia inconclusa de Jesús, en la que iban a ensayar los jesuitas el gótico[106], construyéndola también con

---

104   En mi libro "La reforma educacional" he dado la filiación de este neologismo, que significa destrucción por frotamiento, y fue introducido al francés (netrition) por Curvier en su Discours sur les Revolutions du Globe, parag 4.

105   Esto debe de entenderse solo para los frontispicios, y no en todos los templos.

106   Ignoro con qué éxito, siendo da suponerlo negativo en cuanto al arte, dados el amaneramiento y la cargazón peculiares al gusto jesuítico; pero el gran tamaño de los bloques de asperón, da a los muros una alta nobleza, siendo ellos desiguales para mejor impresión estética.

mayor solidez que las otras, pues estaba toda asentada en cal. Sus murallas adentelladas, sus pilares truncos, las junturas desbordando aún de argamasa, los sillares a medio desbastar, de los cuales diríase que acaban de saltar los tasquiles, parecen indicar trabajadores próximos. Casi un siglo y medio ha corrido desde que la dejaron como está; pero la construcción era tan sólida, que podría continuársela sin ninguna refacción. Su baptisterio estaba ya abovedado, y en él habita ahora un matrimonio de campesinos paraguayos. Inmediatos a ella se levantan las celdas, también inconclusas, aunque un poco más altas. Su arquitectura iba a ser muy suntuosa, con rosetones ojivales y decorados dinteles, a los que sirven de cabíos, como puede verse también en San Ignacio, trozos de asperón.

Dentro de la iglesia, no hay más que los pilares de la triple nave, y en ellos dos plataformas de pulpito. Detrás del presbiterio queda una sacristía en la cual habían instalado ya una pila. Está patente el sumidero, que no llegó a servir, y una lagartija ha hecho de él su madriguera...

La paleografía, que debió de ser profusa, si no rica, ha quedado reducida a bien poca cosa por la incuria y los saqueos. Trozos de lápidas en los cementerios, una que otra medalla —restos anepigráficos, y de examen inútil, por consiguiente—, componen el precario botín, ya broceado de sobra por la industria local que lo explota con torpes falsificaciones, cuyo éxito resido precisamente en la extinción de todo cuño o signo denunciador.

En las antiguas reducciones del Brasil y del Paraguay quedan algunas imágenes salvadas de la destrucción, aunque no sin fallas. Su tipo medio es el de los dos santos de madera que el lector ha podido ver, y que considero criollos por estar tallados en cedro. Del mismo carácter eran las imágenes en asperón que adornaban la fachada de las iglesias y a veces su interior, en nichos excavados a diferentes alturas. Casi todas están decapitadas, pues al caer, la arenisca demasiado blanda cedió por los puntos más débiles, ocasionando el deterioro característico. Es muy difícil, además, encontrar una cabeza entera, por la misma causa, habiendo ayudado la humedad al desprendimiento de anchas lascas, que la estructura friable de esta roca presenta como fractura peculiar. Sus dimensiones promediaban a 1,50 ms. de altura por igual extensión para el grueso del torso, y 2 para la circunferencia del asiento, siendo sus pedestales netos generalmente.

Escultura correcta, pero trivial y enteramente ajustada a los tipos de la iconografía corriente. La escultura decorativa, muerta con el gótico, fue la única que convino al edificio del cual formaba parte. El individualismo del Renacimiento turbó esta armonía, y las estatuas decorativas de los templos, resultaron meros agregados. Tal sucedía también en las iglesias jesuíticas, y con mayor razón siendo ellos, en arquitectura religiosa, los decadentes por excelencia.

Queda también uno que otro sagrario, cuyo oropel interior conserva su brillo, y algún Cristo de goznes, apto para las ceremonias del Descendimiento, en su sarcófago de cristal. Las encarnaciones de estas esculturas están muy deterioradas, pero se ve que eran de buen estilo[107], aunque sus estigmas resultan muy exagerados. El moho las asalta en aquella perenne humedad, sus coyunturas de lienzo se desflocan, el plaste de sus junturas regurgita -en sórdido engrudo, los colores se desconchan, y su expresión de majestad o de dolor, inmovilizada entre semejante decadencia, y a veces profanada hasta lo bestial por la destrucción que demolió esa nariz o mondó aquel bigote, produce una impresión afligente y grotesca. Él tiempo, enemigo de los dioses a quienes engendra y devora según la fábula inmortal, los vuelve títeres al destruirlos, sin borrar, para mayor miseria, su resto de divinidad.

Ejemplares muy escasos de alfarería es posible hallar también, desde la teja común hasta una tosca mayólica blanquecina; así cono trozos de cerraduras y trancas de fierro.

Algunas piedras, cuya situación es imposible restaurar, conservan restos de inscripciones. Sobre una de ellas, por ejemplo, está grabado en letra de tortis el comienzo de una palabra, que dice: ECC... notándose casi encima de la primera c el comienzo de un rasgo curvo. Calculando que este sea el tilde de una abreviatura, y haciendo una deducción por el carácter de la letra, puede que la palabra en cuestión haya sido ecclesiarum, abreviada en eccliar, a principios del siglo XVI, por derivación de una forma conservada casi intacta desde el XIV. Sobre otra piedra, en capitales bastante toscas, vi las iniciales L. D. O. y un palo vertical que pertenecería a una M, grabada en la parte ahora destruida, si dichas letras correspondían, como creo, a la frase *Laus Deo Optimo Maximo*, usada bajo esa forma a fines del siglo XVII. Lo único que he encontrado completo, pero igualmente inexplicable por su aislamiento, es el número romano CCMCC (cien mil) usado así a fi-

---

107   Recordad la nota anterior.

nes del siglo XV; del propio modo que las cifras arábigas 801 en un bloque de piedra irregular, y la palabra *cuñá*-mujer en guaraní- sobre un trozo de arenisca; siendo posible que este provenga de una losa sepulcral.

El lector habrá notado que atribuyo a todos esos restos una significación religiosa, pues me parece lo más cercano de la verdad, dados sus autores: y así, cuando hallé algunas letras que no la tenían, preferí desdeñarlas. Sirva de ejemplo, para concluir, la cifra siguiente —*h9*— en el extremo de un trozo de arenisca. No he podido encontrarle otra explicación que un vocablo más bien jurídico —*hujusmodi*— en cuya abreviatura entraron esos signos durante cerca de dos siglos: pero repito que esta epigrafía es enteramente conjetural.[108]

Volviendo, para concluir, al arte de las obras jesuíticas, he dicho ya que no existía especialmente. Siguió la evolución de la época sin discrepar, como no fuese para inclinarse al mamarracho.

El arte decorativo de la Edad Media concluyó con ella, inaugurándose en realidad la moderna por medio de las decoraciones llamadas «grotescas»[109] que Rafael y su escuela popularizaron, y que no eran sino temas de la Naturaleza fantaseados por el artista. La diferencia más saliente, es que la decoración medieval fue ante todo simbólica con arreglo a cánones científicos y literarios, como los «Espejos» de Vincent de Beaubais, los libros de Boecio, la Leyenda Dorada; mientras en la moderna tuvo entera libertad la fantasía.[110] Esto dio origen al arte de los siglos xvi y xvii (la época jesuítica) arte cuyas características son el movimiento de la línea, el predominio

---

108 No resisto, sin embargo, al deseo de intentar una explicación sobre otros caracteres que hallé a los fondos de una habitación destruida, en Trinidad. Eran dos S.S en un trozo de piedra, y luego una M y una Y en otro tirado a poca distancia: harto informes ambos para calcular su procedencia. ¿No formarían acaso esas letras la cifra con que Colón precedía su firma (S.S.A.S.X.M.Y: Suplex Servus Altissiml Salvatoris Christi, Maria,Josephi) destruida por un derrumbe?... Estaríamos dentro del carácter religioso al conjeturarlo; y lo interesante del hecho, si existiera, podría hacer perdonar el exceso de imaginación.

109 Llamadas así, porque Rafael y sus discípulos imitaron al principio las que fueron descubiertas en las Termas de Tito, que, enterradas bajo el suelo de Roma, parecían grutas:—grotta, grottesco.

110 Los mismos demonios de los tímpanos y otros lugares arquitectónicos medievales, son de un naturalismo admirable, lo propio que las gárgolas, cuyos tipos fundamentales, vienen del perro, el sapo y el mono. Asimismo, las decoraciones vegetales esculpidas o pintadas, son tan reales, que se puede determinar sin esfuerzo la especie de las plantas figuradas en miniaturas y bajos relieves.

de lo decorativo, y correlativamente la acentuación de la personalidad, que iba marcando el progresivo alejamiento de la Edad Media.

Semejante predilección por lo decorativo degeneró pronto en excesos que afeminaron el arte, dando en arquitectura edificios construidos a manera de mueblecillos japoneses, como que esta moda era originariamente oriental. Las fachadas llenas de columnitas, volutas, nichos, multiplicáronse con más buen gusto que vigor, y los decoradores jesuíticos se encontraron a sus anchas en aquel medio. Exageraron desde luego la tendencia, puesto que su objeto respondía a sobreexcitar la atención por medio del recargo llamativo, y hasta parece que hubo, bien que por el lado de la suntuosidad solamente, un vago intento de restauración bizantina en esta parte.

Falló el éxito enteramente. Mucho más cerca tuvieron los jesuitas al arte arábigo, de máxima pureza en España, donde la imitación bizantina careció de influencia sobre él, y no supieron aprovecharlo. La profusión de sus ornamentos, en los que se ha creído ver algo de medieval, nada tiene de esto, si se considera su tosquedad deplorable, cuando la Edad Media fue la época de la orfebrería; y en cuanto al decorado, nada tiene que ver con lo bizantino y con lo arábigo, como no sea el predominio de los colores primitivos (azul, rojo y amarillo representado por el oro) que si acompaña estrechamente a los mejores períodos del arte en todos los estilos[111], especialmente en el arábigo, no basta cuando le faltan otras calidades correlativas. Por lo demás, he mencionado hace un instante la influencia que sobre la cargazón charra pudo tener el ambiente, sin que esto explique del todo la exageración.

Solo en unas cariátides de retablo, que representan serafines terminados por una policroma voluta, noté el tipo indígena, por cierto muy bizarro bajo la cabellera profusamente dorada de los angélicos jerarcas. Y este es el único indicio verdaderamente «guaraní» en todos los restos que he examinado...

Antes hablé de los gnomones o relojes de sol, que figuran generalmente despedazados en las ruinas. Son casi todos poligonales, estando ocupadas cuatro caras del cubo donde se hallan trazados, por uno horizontal, cuyas líneas horarias a desigual distancia indican el concurso de la esfera armilar—y tres verticales: uno austral, uno boreal y uno declinante. La quin-

---

111   Ello viene de que dichos colores combinados producen los Jemas, entre ellos el morado, que está en todos los ambientes bajo su viso lila; fuera de que siendo el azul el que neutraliza la luz en proporción mayor, su predominio da al conjunto más discreción y armonía.

ta cara del cubo estaba ocupada por un salmo o versículo evangélico, y la sexta era el asiento. El gnomon plano de San Javier, que es solar y lunar, es decir, diurno y nocturno, tiene su esfera dividida en cuarenta y ocho partes, lo cual indica que señalaba las medias horas; y el poligonal de Concepción, era meridiano, circunstancia que se advierte a primera vista porque sus superficies horarias son rectangulares.

Las antedichas ruinas de San Javier, guardan los restos de otro que considero muy notable, si fue, como creo, de los llamados universales, porque sirven para cualesquiera latitudes o meridianos. Sus trozos estaban esparcidos en una superficie bastante considerable, y una vez" juntos, aunque faltaban muchos, se procedió a medirlos.

Creo haber restaurado en parte la meridiana, sin poder hacerlo con las líneas horarias, por estar muy fragmentados los trozos; pero en tres de ellos había cifras que me sirvieron para conjeturar el carácter del gnomon Eran la V, la IX y la X. Después de varios tanteos para inferir la longitud del estilo ausente, me decidí por 15 centímetros, lo cual, suprimiendo cálculos que al lector no interesan, daba un módulo de 15 milímetros para fijar la distancia de las líneas horarias a la meridiana. Esa distancia resultaba de 505 milímetros para la Y, 140 para la IX y 87 para la X. Ahora bien, la distancia exacta de la primera, debía equivaler a 34.10 módulos, la de la segunda a 10 y la de la tercera a 5.77. El error es, respectivamente, de 6 ½, 10 y ½ milímetros, que creo imputables al deterioro de los trozos y a la deficiencia de mis medios; pero si bien en un caso la distancia de dos tercios de módulos es ya sensible, en otro la aproximación de medio milímetro implica un argumento concluyente, a mi entender.

Es cuanto queda de las antiguas reducciones, sin cesar devastadas por los vecinos de las aldeas que medran en sus inmediaciones, aprovechando para viviendas menos cómodas los derruidos sillares. Obra buena hará el Estado, en permitir su extracción, que ahora es clandestina, reservando como campo de estudio las ruinas más accesibles: San Carlos, Apóstoles y San Ignacio, por ejemplo. Hay hallá miles de metros cúbicos de piedra cortada, que pueden dar material barato a muchos edificios.

Sea como quiera, el bosque y los hombres consumarán pronto la destrucción. Las piedras indígenas abrigan ya moradores extranjeros, que son emigrantes rusos y polacos; oyen resonar en su eco ásperos lenguajes, cuya barbarie es más ruda por contraste con la vocalización guaraní, que en sus onomatopeyas hace murmurar aguas y frondas; repercuten con extrañeza salmodias de ritos ortodoxos y rutenos; ven reemplazado el tipo y de la extinguida aborigen, por la saya roja y el corpiño verde de la campesina eslava, que viene a parir sus parvulitos de oro allá mismo donde gatearon los cachorrillos de cobre; pasan de eminentes frontaleras, a acordonar veredas o canteros; de fustes a poyos, de estatuas a mojones. Mucho si quedan en sus antiguos sitios, sombreadas por el naranjal contemporáneo, en la paz del bosque a cuyo vigor son abono los detritus de la población ausente. Pocos años más, y para recordar la frase antigua, las ruinas habrán también perecido. Reimperará bajo aquellas frondas el inculto desgaire, y el zorzal misionero evocará la última memoria del Imperio Jesuítico en la divagación de su trova silvestre.

EPÍLOGO

Con el capítulo sobre las ruinas terminaba, acaso, esta obra; pero el estudio realizado imponía a mi ver una conclusión cualquiera sobre los resultados de la orden jesuítica en su imperio guaraní. Nada más cómodo que limitarme a la descripción encomendada, omitiendo un juicio forzosamente susceptible de discusión; es lo que hubiera podido hacer, sin mengua de mi trabajo, a no entender que en esta clase de asuntos es necesario ir hasta donde la conciencia lo determine. Creo, pues, mi deber, agregar algunas palabras.

En el transcurso de este ensayo ha podido ver el lector, según creo, que los jesuitas realzaron con sus reducciones una teocracia perfecta. Siendo esta el ideal político de la monarquía española, nada extraordinario si protegió a sus autores cuanto pudo, consagrando milicias especiales a su defensa, favoreciéndolos con toda suerte de excepciones riscales y acordándoles una legislación privilegiada, cuyo espíritu disonaba con el carácter humillante que en cuanto a la Iglesia revistió la peninsular Desde la franquicia comercial exclusiva, hasta el permiso de armarse sin control, todo lo obtuvieron; con más que ellos mismos sugerían las ordenanzas a su favor. Con ellos no hubo patronatos ni regalías, y la Corona dio siempre mucho más do lo que la retribuyeron.

Así, pues, no hay tal cuestión de intereses en la expulsión, consentida y ejecutada además por naciones donde la confiscación no podía ser un aliciente. Concretándome a España, esta resolvió con semejante medida una cuestión de ideas. Carlos III no era hombre para concebir un imperio teocrático basado en el quietismo y en el atraso de sus súbditos. Sus tendencias modernas y prácticas procuraban sacar, en este doble sentido, cuanto era posible del tosco instrumento que en manos de los Habsburgos fue solo un ingenio de destrucción; y si no resultó el Luis XIV de España, faltándole el genio del Gran Rey para igualarlo, es evidente que se le pareció en algunas cosas.

La Península recibió de su mano el más saludable sacudimiento que hubiera experimentado desde la reconquista contra el moro. Una administración excelente, que era quizá la especialidad de aquel monarca, se substituyó al consuetudinario desbarajuste fiscal. La Corona fundó en todo el reino, relacionándolas con la producción regional, fábricas de paños, de tejidos de seda y algodón, de acero, vidrio, porcelanas, etc. Dotó escuelas industriales; creó el Banco de San Carlos con el fin de reanimar el crédito; protegió al comercio, regularizando la detestable vialidad peninsular, estableciendo el servicio postal, abriendo puertos, garantiendo la seguridad pública; y en cuanto a las posesiones ultramarinas, estas que son hoy naciones independientes, y con mayor razón la nuestra, le deben la abolición del privilegio comercial de Cádiz, el establecimiento de la primera línea regular de paquebotes que servían a Cuba y al Plata, y la descentralización política que al erigirnos en virreinato preparó el camino a la Independencia.

El ideal teocrático, basado en la abolición del individualismo que la riqueza pública desarrolla al aumentarse, y unitario por esencia, no podía tener un devoto en semejante monarca, así como este no concebía de seguro el progreso de su país bajo la faz material únicamente; de modo que su conflicto con los jesuitas, fue ante todo una cuestión filosófica. Roto el vínculo que por siglos había ligado la monarquía a ese ideal, resaltó con claridad incontestable todo lo anacrónico de aquel sistema, que en forma diversa de la conquista militar, pero substancial mente idéntico a ella, prolongaba las formas sociales de la edad de oro de la Iglesia, eternizando la organización medieval. Ello era tanto más notable, cuanto que el resto de las naciones había entrado ya en las prácticas modernas, que al difundir popularmente la riqueza, por muerte del privilegio en cuya virtud solo era accesible a los nobles, fundando la actual sociedad capitalista y poniendo las monarquías a favor del pueblo, fomentaban el individualismo y preludiaban la Revolución. No había, pues, avenimiento posible, produciéndose la ruptura que la evolución retardada tornaba violenta; y claro es que los jesuitas, paladines del sistema abolido, habían de experimentar con mayor viveza el percance. Respecto a las consecuencias sociales de su sistema misionero, creo que van implícitas en un dilema motivado por el estudio mismo de la cuestión:

O los indios resultaban incapaces de la civilización, que *parí passu* con la marcha de las reducciones realizaban los pueblos blancos, y, esta era la opinión de los jesuitas; o poseían aptitudes para adoptarla. En este caso, la teocracia erró el camino, al no comprender que el comunismo perpetuaba el ideal social de la Edad Media; en el otro, el exterminio del salvaje era una fatalidad a la cual no cabía oponerse sin perjuicio para la raza superior.

El humanitarismo liberal que los defensores del sistema jesuítico han explotado en su provecho, se espantado este resultado, consecuente con los principios metafísicos que constituyen su credo; y semejante lógica lo ha puesto en el aprieto de confesar que la obra de los jesuitas fue plausible, o de renegar su propio concepto para ceder a la pasión sectaria. En igual forma se le ha replicado con la libertad, pretendiéndose que el indio era libre bajo aquel sistema de todo para todos, semejante en apariencia al ideal de los modernos comunistas; pero dicha argumentación, excelente como recurso dialéctico, constituye una anomalía para quienes organizaron el comunismo en forma tal, que todo progreso económico era imposible al individuo. Aquel socialismo de Estado, más despótico que un imperio oriental, permitía la igualdad, pero la igualdad de la miseria, como que todo existía por la providencia del Padre director: la renuncia de los bienes terrenales, que es para el cristianismo católico el más seguro medio de salvación. Por lo que respecta a las consideraciones humanitarias, ellas son igualmente inaceptables en los sacerdotes de una religión, cuya ley originaria autorizaba precisamente los exterminios de raza, cuando el pueblo escogido tenía en los otros un obstáculo á su desarrollo, consagrando así, en la forma religiosa que sintetizaba los prestigios de la época, esa eterna ley de la lucha por la vida a la cual pertenece también el secreto de la historia.

Los indios eran incapaces de vivir en estado de civilización, como lo demuestra de sobra el fracaso de las reducciones al ponerse en contacto con el mundo, pues su organización fue en el fondo un salvajismo atenuado cuyos efectos aún perduran en el Brasil y en el Paraguay. Esos descendientes de los guaraníes reducidos, no tienen todavía noción clara de la propiedad, siéndoles desconocida toda ambición de enriquecerse. Si los aguijonea la necesidad, hurtan o despojan; y el rasgo típicamente salvaje, de que toda labor está encomendada a la mujer, prueba cuán poca influencia tuvo en efecto la conquista jesuítica. Se dirá que el clima, tiene la culpa, pero el clima no es una fatalidad; y una obra que ni en parte mínima supo corregir sus efectos, fracasó en su faz esencial. La civilización, bajo su aspecto moral, es un conjunto de cualidades artificialmente desarrolladas, proviniendo de aquí la diferencia entre el individuo civilizado y el salvaje. Este depende en absoluto del medio en que ha nacido; el otro es su colaborador inteligente.

Aquellos hombres, a los cuales solo agita de cuando en cuando el instinto nómada, en correrlas que suelen resultar salteos, tienen vivo al salvaje bajo su estructura semi-culta, y eso está manifiesto en la atroz barbarie que caracteriza sus revoluciones y sus motines: después de todo, la aptitud bélica era la única cualidad individual que se les había desarrollado.

Las guerras que asolaron a las Misiones argentinas hasta despoblarlas, han sido una verdadera depuración, de cuyos resultados podemos felicitarnos por comparación con los estados vecinos.

Es necesario, para apreciarlo bien, haber visto ese pobre Paraguay, enfermo de pereza bajo el dosel de su selva magnifica- rey de las piernas de mármol cuya miseria acrecienta el esplendor de su pompa inútil;—o esa frontera brasileña cuyos paisanos, mucho más cultos que los nuestros, viven acariciando el ensueño bandolero como el único calmante a sus pasiones y a su miseria. Más que por la vaguada de los ríos limítrofes, y sobre la tierra, idéntica desde luego, el meridiano de demarcación está trazado allá en el espíritu.

Los jesuitas tomaron por tipo de organización social a su propio instituto, basado como sobre un triple cimiento, que da ya el plano del edificio, en tres principios fundamentales: el comunismo, la autoridad absoluta y la renunciación de la personalidad; pero los resultados hicieron comprender bien pronto que semejante estructura, eficaz para cuerpos pequeños y militantes, no era aplicable a los pueblos. Estos tienen otras necesidades, y aunque semejantes con aquellos, no son idénticos. Así, las cualidades que desarrolló en los guaraníes fueron inútiles o nocivas respecto a la civilización moderna.

Religiosos y sumisos, carecieron de arranque individual, perpetuamente delegado su albedrío en los P.P. o en la divinidad. Bravos se mostraron en la insurrección de 1751 y en sus encuentros con los mamelucos, bravos, pero .sin energía. Es que la religión, aliada del soldado para la lucha por el sostén de la antigua supremacía en el medio moderno, cada vez más escéptico y pacífico, es decir, cada vez más adverso, no desarrolla sino el patriotismo militar en el cual estriba la persistencia de la alianza, reuniendo bajo esa forma las dos tendencias menos compatibles con nuestras civilización. El engrandecimiento por la riqueza, que es el ideal moderno, requiere el predominio de la habilidad calculadora-y de la paz[112], antípodas del sentimen-

---

112   El efecto natural del comercio, dice Montesquieu, es conducir a la paz. Esto nos lleva un poco lejos del determinismo económico, pero encierra una verdad, quizá más adelantada que las conclusiones de dicha escuela.

talismo religioso y de la gloria bélica; y como los conceptos del honor y de la virtud se han confundido con el ideal dominante, según sucede en todas las civilizaciones, dichas tendencias perdieron sus cualidades substantivas, expresadas por aquellos conceptos, convirtiéndose progresivamente en meros elementos de decoración.

Así, el indio, de las reducciones fue un tipo regresivo por su educación, fuera de sus deficiencias étnicas; pero tal es el poder de las ideas, que todo puede esperarse de su eficacia. Esta resultó desgraciadamente perjudicial y nula, cuando la empresa degeneró de religiosa en comercial. La conversión de las tribus no fue ya el propósito dominante, sobreponiéndose la tendencia política de la orden a toda otra consideración. Entonces empezó a realizarse el plan geográfico del Imperio.

El lector tiene a la vista un mapa, trazado con el objeto de hacerle conocer la situación que ocupó después de la emigración de la Guayra. Con este acto fracasó la primera tentativa, que era más provechosa, pues buscaba el Atlántico por puntos aproximados a las Capitanías brasileñas más ricas, donde los establecimientos jesuíticos tenían una importancia también mayor. Conseguido aquel desahogo, el que buscaban por Porto Alegre y quizá un tercero por el Marañón, el plan se realizaba en esa parte. Quedaba el contacto con el Perú y con el Tucumán, que buscaron por medio de fundaciones sucesivas sobre el río Paraguay, y por el Chaco respectivamente. Señalaban el primer objetivo las reducciones de San Joaquín, San Estanislao y Belén, cuyas distancias considerables entre sí, relativamente a las de los otros pueblos, demuestran su carácter de puestos avanzados. La otra línea de comunicaciones fue una constante preocupación religiosa y militar. Su acceso estaba demostrado desde la expedición de Diego Pacheco; y en los primeros años del siglo xviii, jesuitas enviados del Paraguay como consecuencia de la expedición represora de Urizar, habían llevado sus misiones al Chalo, fundándolas entre los lules, ojotas y abipones. Esta fue la primer tentativa seria de comunicación jesuítica.

Ocho años antes de la expulsión, Espinosa y Davalos, gobernador del Tucumán, intentó establecerla entre su sede y el Paraguay; llegó hasta el Bermejo y regresó sin conseguirlo, pero descubriendo el camino que los indios chaqueños mantenían expedito para invadir a las poblaciones tucumanas. El problema quedaba resuelto, pues[113]. El Tucumán abría a su vez

---

113   Puede mencionarse también la expedición de Arrascaeta, enviada por el

otra comunicación con el Perú, de donde habían venido los jesuitas que allá se establecieron; y si desde acá se marchaba hacia el Norte por el río Paraguay, las reducciones peruanas se acercaban en sentido opuesto, poniéndose, con la de Buena Vista, a 85 kls. de Santa Cruz. Solo 300 separaban ya del Atlántico, por el distrito del Tape y Porto Alegre, a los jesuitas; de modo que la expulsión truncó la empresa en el momento de su logro definitivo[114].

La carta agregada, no es topográfica desde luego, tendiendo principalmente a producir en el lector la impresión gráfica de las extensiones que ocupó y tendía a ocupar el Imperio. Esto explicará su ausencia de detalles, que hubieran distraído perjudicando a la claridad.

He limitado asimismo las superficies, por medio de una doble poligonal que las hace mucho más perceptibles, si bien las fronteras no resultan del todo exactas; pero estas jamás han sido determinadas con precisión, estando uno obligado a calcularlas por los puntos extremos de ocupación jesuítica, cuyas noticias presentan caracteres satisfactorios de exactitud[115]; lo cual atenúa más la licencia, en gracia sobre todo de la facilidad que pretende dar. Tampoco figuran marcados con el signo convencional correspondiente, todos los puntos donde hubo posesiones jesuíticas, salvo los que se encontraban en el área efectiva del Imperio; en el resto figuran solamente los principales, a modo de notas comprobatorias.

El mapa representa un trozo de la América Meridional, comprendido entre los paralelos 20 y 32 desde la costa del Atlántico hasta la Cordillera de los Andes solamente; pues como ya dije, he suprimido todo detalle que pudiera confundir. Dos fondos diferencian las divisiones entre el área efectiva del Imperio y la que tendía a ocupar. El blanco destaca a la primera, en un polígono cuya base austral se prolonga a poca distancia del paralelo 30 hasta Porto Alegre Este polígono circunscribe la extensión del antiguo Imperio desde Belén al río Miriñay desde aquí a la Sierra de los Tapes; desdé dicha sierra hasta el río Iguazú y por último hasta Belén, costeando el Paraná y la Sierra de Maracayú que separaban de la Guayra al territorio.

---

gobernador Campero, y que, copada por las tribus, no pudo realizar su misión.

114   Tenían también reducciones en el sur de Buenos Aires y en la Cordillera austral, hasta el Estrecho; pero nunca dieron buen resultado.

115   El sistema de ocultación seguido por los P.P , crea todas estas dificultades, nada más que a ciento treinta años de la expulsión.

Estas eran las Misiones propiamente dichas, con una superficie de 53.901 kls. aproximadamente.

Las otras dos secciones, en fondo agrisado, con áreas de 239.040 y 77.382 respectivamente, no dan todavía lo que pudiera llamarse «zona de influencia» jesuítica; quedando fuera de ella muchas posesiones en la costa brasileña y en el Sud argentino sin contar las del Perú; pero lo que se da es el Imperio, tal como tendía a constituirse en esa vasta zona de 370.000 kilómetros cuyos límites abarcaban las regiones más variadas y ricas de la América Meridional.

Difícil es conjeturar lo que hubiera sucedido, a continuar semejante organización; pero puede inferirse algo perjudicial para la América libre[116]. Aquel sistema económico basado en el comunismo, era antagónico con la independencia de carácter individualista que el siglo XVIII iniciaba. El capitalismo, desarrollado como un fruto de la riqueza que acumularon en poder de la burguesía colonial la explotación del proletariado, y los contrabandos, acentuaba entre nosotros aquel fenómeno, con el cual coincidían, por caracterización peculiar, las condiciones heredadas del conquistador.

Este las había trasladado aquí adaptando a ellas un medio inferior que ni el obstáculo del clima le presentaba, por ser muy análogo al natal; de modo que su nueva situación, no fue óbice a las tendencias peninsulares. Su ocupación casi exclusiva, la ganadería, era una expedición conquistadora a la cual no faltaba ni el carácter bélico, en pugna con el ganado bravío y con el salvaje que periódicamente invadía para arrebatarlo; y esto fomentó el predominio del coraje exclusivo, así como el desdén hacia la agricultura y el comercio, que las dificultades opuestas por la topografía y por la ley a la circulación de la riqueza, acentuaban todavía.

Los campos fiscales hormigueaban de ganado sin dueño, en el cual iban a depredar todos los años, con autorización del Gobierno, cuadrillas de trabajadores que enriquecían las estancias. Tenían una denominación específica,

---

116   No ignoro que según la escuela determinista, esto no puede hacerse; pero yo no tengo escuela histórica, y me parece un caso nato de cobardía rural rehuir la hipótesis, solo porque falta el hecho inmediato que ha de convertirla en inducción, conforme a aquel sistema. Esto implica, sencillamente, el rebajamiento de la filosofía, así subordinada a la experimentación fenomenal cuyo papel fue siempre confirmarla, no precederla como condición Imperativa. La inducción es un instrumento filosófico como la deducción y la hipótesis; mas por importante que se la considere, nunca constituirá por sí sola toda la filosofía.

lo que da al fenómeno rasgos de industria organizada: llamábanlos gauderios, vocablo cuya alegre etimología[117] denuncia el carácter de semejantes empresas. Eran un jolgorio ecuestre y de manga ancha, que exaltaba hasta el delirio la afición a las aventuras.

El privilegio habíase trasladado, además, con la nobleza, exagerándose al contacto de una raza esclava y explotada sin misericordia; bien que la forzosa intimidad, ocasionada por las labores rurales, hubiera establecido cierto compañerismo entre el señor y el proletario. Este encontró incentivo de sobra a su instinto nómada de mestizo, en la extensión de la pampa y en su desheredamiento, volviéndose salteador y cuatrero; a todo lo cual se agregaba la haraganería, que una fácil manutención, proporcionada por el ganado cerril, aseguraba como una prebenda.

Monopolizada la tierra, al instante mismo de efectuarse la conquista, el empleo público formó la única esperanza de los que no entraron en el reparto, pues no les quedaba efectivamente otra situación. El comercio se arrastraba mísero, entre las contrariedades del monopolio y los azares del contrabando, que al persistir como una válvula de escape, algo producía, pero engendraba también un fisco cada vez más caviloso, es decir, metido en todos los accidentes de la vida privada y pública, hasta volverlas dependientes de su omnipotencia providencial. La venta del puesto público, que empezó tolerada, acabó en legal de allí a poco, extremando los abusos del fisco y las protestas del pueblo, condensadas en su falta de respeto a la autoridad. Los motines hispano-americanos son una herencia del fisco español, cuya legislación enteramente formal volvía pesimista al pueblo con su ineficacia, haciendo resaltar más la corrupción.

Poco tuvieron que modificarse, pues, las tendencias peninsulares, de ningún modo contrariadas por el medio, cuya plasticidad inorgánica se plegó a todas las exigencias de la civilización invasora. Unicamente la colonización, que engendra el deseo del engrandecimiento personal por el trabajo, hubiera podido influir sobre el tipo conquistador hasta modificarlo; pero la conquista era ante todo una operación de fuerza y de dominio, que solo se proponía la explotación del natural. Si este espíritu dominante no hubiera producido la exclusión del criollo para los puestos públicos, la independencia se retardaba quizá un siglo, faltando en la mentalidad local los elementos

---

117   Proveniente sin duda de gaudere: gozar, divertirse. La Academia no da el vocablo en su Diccionario, aunque registra el afín godería: comilona en caló.

que realizan esa clase de evoluciones. La exclusión hizo patriota al criollo, pero sin mejorarle naturalmente la conciencia; y así, la ùnica virtud que poseía al emanciparse, era el patriotismo de carácter militar.

Salvo algunos detalles externos que hacían odiosa a la conquista laica, la espiritual fue idèntica en esencia, como se ha visto; y parece escrita para ella la frase con que Buckle presenta al pueblo español, tan anulado en sus iniciativas y tan corrompido por el providencialismo de Estado, que su ruina depende exclusivamente de una flaqueza de sus directores.

Uno y otro conquistador imperaron sobre el indio, al considerarse sus inmutables superiores por la civilización y por la raza; y este, con rigor o con dulzura, fue declarado, desde luego, incapaz.

Aquí reside la falta de lógica de la conquista espiritual, pues esa incapacidad acarreaba incontestablemente el exterminio. La conquista laica habríalo realizado, poblando al país con elementos superiores y con mestizos, que eran libres por la ley, a beneficio de las actuales generaciones.

Al humanitarismo puede esto parecerle atroz; pero el derecho a la vida es un resultado de las condiciones del viviente, 110 una cuestión sentimental y soluble con arreglo a cánones eternos.

En esos choques de razas hay fatalidades crueles, pero superiores à la voluntad humana; y si cada hombre debe tener por norma el ideal de una civilización superior, donde estos conflictos ya no existan, el criterio histórico le obliga a considerarlos en relación con los intereses de su pueblo y de su raza, campos de acción donde esos mismos percances apresuran el advenimiento de la situación superior

Hoy por hoy, la humanidad no existe ante la justicia sino como una entidad abstracta cuya efectividad en el hecho se prepara, entre otras cosas, con el predominio de las razas superiores a las cuales pertenece semejante ideal; habiendo concurrido entonces a realizarlo, las mismas transgresiones aparentes que por su resultado se justifican ante la historia. No es posible aplicar a priori los principios de la justicia, ni hay mal absoluto en ninguna acción- Si el exterminio de los indios resulta provechoso a la raza blanca, ya es bueno para esta; y si la humanidad se beneficia con su triunfo, el acto tiene también de su parte a la justicia cuya base está en el predominio del interés colectivo sobre el parcial.

La conquista jesuítica no benefició sino a sus autores, por otra parte. Los conquistados fueron víctimas del sistema español, en el cual ya constituía una exageración la empresa jesuítica.

España, conquistadora exclusiva, no sabía dominar sin oprimir, porque atacaba la unidad moral del pueblo conquistado, imponiéndole una religión y un estado civil distintos de los suyos, en vez de usar, a imitación del romano y del inglés, una discreta tolerancia para incorporarlo evolutivamente a su ser. Pero la tolerancia es la virtud moderna, y el fanatismo español ora medieval.

Su política no atendía sino a anular la con ciencia, porque el absolutismo, que constituía su ideal, se basaba en la opresión del espíritu y en el anonadamiento del individuo a beneficio del Estado todopoderoso. Las formas representativas no podían existir entonces; y los cabildos no fueron nada de esto, como pudiera hacerlo creer un examen superficial, porque no representaban al pueblo, sino a la autoridad; no al derecho, sino a la fuerza.

El ideal político de la Edad Media había sido la unidad en todo: una religión en un imperio dirigido por una sola cabeza. De aquí nació el concepto falso en cuya virtud la libertad os una creación postiza que depende de la ley; y tan arraigado quedó, en siglos de opresión bajo el doble prestigio do la Monarquía y de la Iglesia, que nuestras mismas constituciones democráticas, aunque con formas muy atenuadas, persisten en sustentarlo, siendo pocos todavía los que comprenden, a pesar del libre examen y de la crítica, que toda ley es originariamente un acto de opresión.

La igualdad, que fue la aspiración del pueblo a gozar del fuero nobiliario, se confundió con el mucho más elevado concepto de libertad, sobre todo para la lógica jacobina, a la cual derrotaron los jesuitas cuanto pudieron demostrarle que en el Imperio había igualdad.

Habíala, en efecto, pero ya hemos visto bajo qué condiciones de sujeción; y tan estrecha, que hasta la edificación era igual. El Gobierno español la impuso, no ciertamente en homenaje a la libertad, antes por todo lo contrario; y la conquista espiritual transportó al Nuevo Mundo, con mucha mayor perfección que la militar, el sistema de aquella China del Occidente.

La expulsión fue entonces un antecedente favorable a la revolución individualista y federal que se preparaba. Bajo su imperio, los guaraníes de las reducciones, que jamás conocieron ley protectora de sus derechos, ni tuvieron otro concepto de la libertad que el asueto, le trocaron fácilmente por la licencia montonera. Para ellos no había otra relación con el poder que la sumisión o el motín.

El triunfo del sistema jesuítico habría implicado la perpetuación de la Edad Media, cuyo funesto resultado está patente en la España absolutista, con tanto mayor estrago cuanto que era una cuestión de ideas y en estas reside el secreto del progreso.

Correlativas del período industrial en que nos hallamos, las instituciones representativas son hoy indispensables a la subsistencia de los pueblos; pero eran imposibles bajo aquel régimen en el cual faltaban los tres grandes propulsores de la industria: la moneda, la libertad comercial y la libertad de conciencia.

Mantenidas por España en la Edad Media, las actuales naciones de América cayeron de golpe a la contemporánea cuando se emanciparon, proviniendo de este brusco desplazamiento sus convulsiones intestinas. Tuvieron que pasar en pocos años por todo cuanto los pueblos de evolución normal habían sobrellevado durante siglos, depurándose así de sus vicios históricos: y aquello que se opusiera a su desvinculación de la Metrópoli, constituiría para ellas un grave mal.

El Imperio Jesuítico habría sido este obstáculo. Libertado con el resto de América, es seguro que no aceptaba a la independencia en su concepto fundamental, vale decir como una emancipación del espíritu. Formidable teocracia, tranquila en su inercia de bloque, mientras las demás experimentaban su libertadora crisis, habríalas impuesto la ley de la fuerza al tomarlas debilitadas por ese fenómeno, y el triunfo de su política, basada sobre sí comunismo y el aislamiento, que años después dieron para muestra el Paraguay de Francia, malogra de seguro la obra revolucionaria en su faz más bella[118].

Fiel al trono, su acción contra-revolucionaria triunfa quizá; y esto ya lo preveían jesuitas tan sesudos como Falkner, quien en su Descripción de la Patagonia anotaba pocos años después de la expulsión, los primeros síntomas de independencia entre las poblaciones rurales[119].

---

118   Recuérdese lo expuesto al tratar sobre la revolución comunera. Mis hipótesis tienen, en esta parte, sólido fundamento.

119   Entre 1724 y 1767 habían estallado motines y tumultos subversivos en las ciudades argentinas de Jujuy, Salta, Tucuman, La Rioja y Catamarca. Las dos primeras y la ultima, llegaron a expulsar sus gobernadores: siendo esto tanto más

No cabe duda que, al empezar la lucha, semejante fenómeno se producía; mas percibiendo el éxito de la independencia, la adaptación se habría efectuado, con tanta mayor razón cuanto que hombres tan prácticos nunca combaten por formas de gobierno, constituyéndose en el centro de la América Meridional una de esas repúblicas teocráticas cuyo espécimen lo dio el Ecuador de García Moreno, y cuya influencia hubiera dominado al Continente en un verdadero contragolpe de la barbarie indígena.

Seguro es que la civilización y el salvaje, enemigos naturales y en pugna abierta hoy mismo para muchas secciones del Continente, están en una razón inversa, cuyo efecto estricto consistiría en determinar el éxito de la primera por el fracaso del segundo; pero sin entrar a discutirlo, resulta harto significativo que las naciones más adelantadas sean aquellas en las cuales la población indígena se aminora.

El Imperio Jesuítico, trocado por la independencia en la República Cristiana de que hablaban sus autores, se habría encontrado desde luego en ese caso, y sin la coyuntura de domificarlo por una laboriosa adaptación a las instituciones, como lo van haciendo las demás; de modo que por su parte a lo menos, la independencia nada hubiera resuelto.

Ahora bien, la independencia sin la libertad espiritual era una subalterna evolución política, con el resultado seguro de una reconquista o de una nueva subordinación. Las nacionalidades recién fundadas no habrían hecho más que subdividir la decadencia general, pero no remediarla, adoptando en vez de las instituciones democráticas, que son las únicas progresivas en el medio moderno, la teocracia o la monarquía cuyo advenimiento soñara el conservatismo miope de la Revolución.

Tiene, pues, la América una deuda de gratitud con el monarca, que eliminando obstáculos al progreso, garantió su estabilidad bajo las formas políticas asumidas luego por los pueblos emancipados.

Primero los «paulistas» con su horrenda incursión a la Guayra, que malogró por muchos años la empresa jesuítica y empequeñeció para siempre su magnitud; después Carlos III, con su radical medida, libraron a la América futura del tropiezo más grave que habría sufrido al emanciparse. Ya lo pro-

___

notable cuanto que dichas poblaciones estaban muy lejos de la futura sede separatista del Plata.

baron cuando los comuneros, a quienes imputaron principalmente las ideas separatistas, que eran para la Corona el crimen irremisible.

Así es cómo va tejiéndose a través de los tiempos la trama de la historia, y cómo vistos los hechos en su inconsciente fatalidad, resultan igualmente injustos su alabanza y su vituperio. No hay entonces ante el espectador inocentes ni culpables, sino únicamente organismos que luchan por subsistir en el campo de la vida. Jesuitas que se empeñan en mantener un ideal, retrógrado para el nuevo estado de cosas, son del todo idénticos a los demócratas de mañana, que liarán lo mismo ante otras formas sociales sufriendo iguales derrotas.

La conciencia se amplía adoptando este concepto crítico, en el cual no tiene cabida la intolerancia peculiar a los principios absolutos: y sustituye la severidad clásica del historiador antiguo, con la bondad, más simple y más humana.

Sociedad que padeció y ha caído con su mundo de dolores a cuestas, no merece por su retardo el desdén de las venideras, cuando si estas andan mejor, hallando monos espinas en la ruta, es porque la otra al dejarla se las llevó pegadas a los pies.

Cuando uno piensa en lo que padecieron, en lo que trabajaron, de qué modo han creído y a qué fin han marchado aquellas colectividades anacrónicas ahora, ve a la humanidad repetida en una eterna regeneración. Esos combatieron por la vida como nosotros; su ideal fue un momento la forma próspera, con la cual dominaron la inmensa hostilidad latente que el Universo opone al dominio de su animálculo racional; sus pasiones, al igual que las nuestras, buscaron el placer sin gozarlo nunca, como rebaños muertos de sed antes de llegar al abrevadero; sus virtudes, gotas de agua en la sombra, estuvieron cavando, llora que te llora, la ardua roca del egoísmo humano, donde labra el progreso estalactitas tan bellas y tan frías...

Todo lo mismo, todo igual, todo eterno, agrega el pesimista para quien la tradición es un grillete de presidiario. Pero no; esas multitudes caídas son otros tantos mineros de la sombra, que van echando de abajo la tierra nueva cuyo volumen ocupan; y así la historia no puede discernir otra cosa que su perdón a los trabajadores desaparecidos, cuando su obra fracasó en el error, reservando su simpatía a los que, aun en este caso, lucharon por un ideal, sin esperanzas de satisfacción mundana.

El fiasco reside en el monopolio de la eternidad, que las instituciones se atribuyen con una vehemencia equivalente a lo mudable de su condición. Eterno no hay nada, como no sea la incesante conversión do las cosas y de los seres, hacia estados coincidentes por ventura con el ideal de la dicha humana, en unión de la cual se desarrollan determinados por un acuerdo superior; y la fatalidad del Otoño, igual en los ideales como en el año, no es lamentable cuan do las hojas, al desvestir la rama cuya lozanía sonrió primaveras, descubren frutos que son manzanas de dicha para los míseros innumerables en quienes palpita el barro primordial, y pomas de oro para el soñador de Hespérides.

OBRAS CONSULTADAS

• M. Fernández de Navarrote—. Colección de los Viajes, etc.

• William Dunlop. - Memoirs of Spain.

• Garcilaso Inca—. Comentarios Reales,

• Antonio do Herrera—. Historia General, etc.

• A. de Humboldt—. Voyage aux régions équinoxiales, etc-—. Examen Critique de l'Histoire... chi Nouveau Continent. Ensayo Político sobre el Beino de la Nueva España.

• G.Fernández de Oviedo—. Historia general y naturai de las Indias.

• Alcide d'Orbigny—. Voyage dans VAmérique Méridionale—. L' Homme Américain.

• A. Núñez Cabeza de Yaca—. Comentarios.

• P. Juan P. Fernández—. Relación Historial de las Mh»iones, etc.

• Hans Staden de Homberg—. Histoire d'un pays, etcétera.

• P. Gaspar de Carvajal—. Relación del Viaje de Orellana.

• F. de Basaldúa—. Misiones.

• Henry Th. Buckle—. History of civilisation in England.

• A. Ferrer del Rio—. Historia del reinado de Carlos III.

• José T. Medina—. Historia y Bibliografía de la Imprenta eit la América Española.

• P. Juan do Mariana—. Historia de España.

• Paul Groussac—. Memoria histórica y descriptiva de Tucumán. — El Viaje Intelectual.

• Eliséo Reclus—. Nouvelle Géographie Universelle.

• Nicolás Monardes—. Historia medicinal, etc—. Tratado de la Piedra bezoar, etc—. Diálogo de las virtudes medicinales del hierro—. Tratado de la nieve, etc.

• Diego Ortúñez de Calahorra—. Espejo de Príncipes y Caballeros.

- Fernao Lopes de Castanheda. — Historia do descobrimento e conquista das Indias, etc.

- Sancho de Londoño—. Discurso sobre... la disciplina militar.

- T. Muñoz y Romero—. Colección de Fueros.

- P. Enrique Flórez—. La España Sagrada.

- Antonio Cavanilles—. Historia de España.

- Francisco de Valdez—. Espejo y disciplina militar.

- J. Amador de los Ríos—. Historia Critica de. la Literatura Española.

- J. de Solórzano Pereyra—. Política indiana sacada. etc—. De Indiarum Jure.

- José M. Cuadrado—. Recuerdos y bellezas de España.

- Antonio Galvao—. Tratado... de todos os descobrimen- ios, etc.

- Pedro Mexía—. Historia Imperial y Cesárea.

- Francisco J. Brabo—. Inventarios de los bienes... de los Jesuitas—. Atlas... de los países... en que estuvieron situadas... las Misiones—. Colección de Documentos, etc.

- Commissioners of Public Records, (tír. Brt.)—State- Papers.

- Modesto Lafuente—. Historia General de España.- Recopilación de Leyes de los Reinos de Indias.- Revista de Buenos Aires. -Revista del Archivo.

- Montesquieu—. De l'csprit des Lois.

- Francisco de Moncada—. Expedición de los Catalanes y Aragoneses con tra turcos y griegos.- Memorias de la Meal Academia de Buenas Letras. Barcelona, 1883.

- Schlumberger—. Le Tombeau d'une Empératrice Byzantine, etc.

- Ch. Bayet—. L'Art Byzantin.

- Deliole—. Mélanges de Paléographie. — Cabinet historique.

- P. Fita—. Codex de Compostela.

- Le Clerc—. Histoire littéraire de la France.

- Wolf—. Histoire générale des jésuites.

- J. C. Harenberg—. Histoire pragmatique des jésuites.

- M. Menéndez y Pelayo—. Historia de los Heterodoxos, etc.

- William H. Prescott—. History of the reign of Ferdinand and Isabella—. History of the reign of Philip the Second.

- Emilio Palacio—. Ensayos de Resistencia de Maderas Argentinas. - Correspondance politique de M. M. de Castillan et de Marillac, ambassadeurs de France en Angleterre.

- Henry Harisse—. John Cabot... and Sebastian his son.

- Gregorio Funes. —Ensayo de la Historia Civil, etc.

- Blas Garay—. Colección de documentos. - Revista Paraguaya.

- Carlos Burmoister. — Memoria sobre el Territorio de Misiones.

- William Robertson. — History of the reign of the Emperor, etc.

- George Ticknor—. Historia de la Literatura Española (Tr. P. de Gayangos y E. de Yedia).

- Martín de Moussy. - Description géographique... de la Confédération, Argentine—. Mémoire historique sur le décadence des Missions, etc.

- Félix de Azara—. Descripción c Historia del Paraguay, ote.

- Owen Jones—. Grammar of Ornaments.

- Fr. Ritschl. — Priscae Latinitatis monumenta ep i- graphica.

- Gustav. A. Bergenroth. — Calender of... thè Archives of Simancas,

- Juan B. Ambrosetti—. Viaje â las Misiones, oto.

- Vivient de Saint Martin—. Histoire de la Géographie.

- Gabriel Marcel—. Réproduction de Cartes et de Globes, etc.

- Eduardo L. Holmberg—. Viaje a Misiones.

- J. Fitzmaurico-Kelly—. History of Spanish Literature.

- Lic. Castillo de Bovadilla—, Política para Corregidores, etc.

- Crétineau-Joly—. Clément XIV et les Jésuites.

- Carlo Errera. — L'epoca dette grandi scoperte geografiche.

- A. Morel-Fatio—. Etudes sur l'Espagne. — L'Espagne nu xvi et au xvxi siècle.

- Vincenzo Forcella—. Iscrizioni dette chiese, etc.

- P. Nicolas del Techo. - Historia... del Paraguay.

- D. Noel—. Histoire du Commerce du Monde, etc.

- William Lithgow—. The total disconrse of the rare Adventures, etc.

- L. Alfred Demersay. — Histoire phisiquedu Paraguay et des Etablissements des Jésuites.

- A. Magariños Cervantes. — Estudios Históricos, etcétera.

- Arsène Isabelle—. Voyage â Buenos Ayres et Porto Alegre.

- Francisco A. de Yaruhagon. — Historia Gérai do Brazil.

- L. Levy—. The HUtory of British Commerce.

- P. José Cardiel—. Declaración de la Verdad.

- Juan Queirel—. Misiones. — Las Ruinas de Misiones.

- F. de Chateaubriand—. Le Génie du Christianisme.

- A. Liñan y Verdugo. — Guía y avisos de forasteros que vienen a la Corte.

- Martin Hume—. Spain, its greatness and decay.

- G. San-Giorgio—. II commercio del mondo.

- M. F. Paz Soldán—. Diccionario Geográfico, etc. - Boletín de la Academia Nacional de Ciencias.

- Thomas L. Page—. The Argentine Confédération and Paraguay.

- Vizconde de S. Leopoldo—. Annaes da Provincia de S. Pedro.

- Richard Twiss—. Travel in the Portugal and Spain.

- F. Fernández de Córdoba—. Didasçalia, etc.

- P. Rafael Pérez. — La Compañía de Jesús en Sud América.

- P. Antonio Ruiz de Montoya—. Conquista Espiritual del Paraguay.

- M. Garcia Cerezeda—. Tratado de las Campañas... del Emperador Carlos V. - Los Eddas.

- P. Buenaventura Suarez—. Sumario de mi siglo.

- Schilismann. —Mycenes, trad. Girardin.

- P. Juan P. Gay—. Historia da República Jesuítica, ote.

- Lothrop Mortley. - Histoire... des Provinces Unies.

- P. Pedro Lozano—. Historia de la Conquista, etc—. Historia de la Compañía de Jesús, etc. Historia de las -revoluciones del Paraguay.

- Julio R. César—. Descripción Histórica del Paraguay.

- A. Rodríguez Villa—. Memorias para... el Asalto y Saqueo de Roma—. Noticia biográfica... de 1). Diego Hurtado de Mendoza.

- P. Antonio de Calancha—. Crónica Moralizadora, etc.

- P. Gregorio García—. Predicación del Evangelio.

- Pedro de Angelis—. Colección de Obras y Documentos, etcétera. - Anales de la Sociedad Científica Argentina.

- H. M. G. Grellmann—. Histoire des Bohémiens.

- René Cagnat—. Cours élémentaire d'épigraphie latine. - Boletín del Instituto Geográfico Argentino.

- S. A. Lafone Quevedo—. Tueumán—. Juan Díaz de So- lís—. El Río de la Plata y los comedores de carne humana.

- Juan A. García—. La Ciudad Indiana. - CollecQao de Monumentos Inéditos para a Historia das Conquistas dos Portuguezes, oto.

- Adán Quiroga—. La Cruz en América—. Calc.haquí,

- Antonio de Alcedo—. Diccionario de Geografía Americana.

- P. Pierre F. X. Charlevoix—. Históire du Paraguay.

- Prudencio de Sandoval. — Historia del Emperador Carlos V, etc.

- José M. Estrada. - Lecciones sobre la Historia de la R Argentina—. Comuneros del Paraguay. - Boletín do Instituto historico e geographico do Brazil.

- Francisco Xarque—. Insignes Misioneros... del Paraguay.

- Vicente F. López—. Historia de la Revolución Argentina.

- Manuel J. d'Almeida-Coelho—. Memoria histórica do eoctincto regimentó... de Santa Catharina.

- Jorge Juan y Antonio de Elloa. - Viaje a la América Meridional.

- Bartolomé Mitre. - Historia de Belgrano, etc.

- Henri Forneron—. Históire de Philippe II.

• Luis L. Domínguez—. Historia Argentina. - El Paraguayo Independiente.

• P. Federico Vogt—. Estudios Históricos. - Lettres Edifiantes.

Algunas obras indicadas aquí, y las treinta y tres novelas picarescas que desde el Lazarillo de Tormes hasta Periquillo el de las gallineras, dan un cuadro tan vívido del pueblo español, se encuentran en la Biblioteca de Autores Españoles de Rivadeneyra; del propio modo la Colección de Angolis incluye varias obras sobre el Paraguay y sobro las Misiones, citadas en el texto, pero que no he creído necesario detallar, encontrándose comprendidas bajo un título común.

CPSIA information can be obtained
at www.ICGtesting.com
Printed in the USA
LVOW01s1441180516

488850LV00044B/802/P